KB051662

2022년 9월 8일   초판 1쇄

글 백범흠
펴낸곳 (주)늘품플러스
펴낸이 전미정
책임편집 최효준
교정·교열 황진아
디자인·편집 정진영 정윤혜
출판등록 2004년 3월 18일 제2-4350호
주소 서울 중구 퇴계로 243 평광빌딩 10층
전화 02-2275-5326
팩스 02-2275-5327
이메일 go5326@naver.com
홈페이지 www.npplus.co.kr
ISBN 979-11-88024-81-0 03340

정가 15,000원

한국의 기원을 찾아서

한국사의 진실

백범흠 저

한국의 기원을 찾아서

　역사는 무섭고 잔인하다고까지 한다. 1990년대 초 발발한 발칸전쟁, 2020년 9월 재발한 코카서스의 나고르노-카라바흐 전쟁과 함께 2022년 2월 시작된 러시아의 우크라이나 침공 역시 근본 원인은 레프 구밀료프(1912~1992)와 알렉산드르 두긴(1962~)의 슬라브 역사철학(원시공동체적 슬라브주의)에 뿌리를 둔 '러시아 민족주의'이다. 역사에 바탕을 둔 민족주의는 상대국과 상대 민족에 대한 '증오심'과 '우월(優越) 의식'을 동반하고 있는 관계로 때로 수소폭탄 투하보다 더 잔인한 결과로 이어진다. '간토 조선인 대학살(1923)', '난징 대학살(1937)', '홀로코스트(2차 대전 기간 중)', '스레브니차 대학살(1995)'이 대표적 예이다. '간토 조선인 대학살'은 전쟁이 아닌, 지진과 화재로 인한 일본 내부 불만을 죄 없는 일본 거주 조선인들에게 돌린 반인류적 사건이었다. 역사를 제대로 알아야 강자의 희생양이 되지 않는다.

　한편, 블라디미르 푸틴 러시아 대통령은 역사적으로 '우크라이나'라는 나라는 근본 자체가 없으며, 러시아인과 우크라이나인은 같은 민족이라고 주장한다. 푸틴은 러시아와 우크라이나, 벨라루스, 카자흐스탄 북부 러시아계 거주지역 등을 통합하여 대러시아(Great Russia)를 건설하려 한다. 이의 일환으로 푸틴은 2022년 2월 러시아군에게 우크라이나 침공을 명령했다. 시진핑 중국 국가주석은 트럼프 전(前) 미국 대통령에게 한반도는 원래 중국의 일부였다고 말했다. 중국 정부는 위구르와 티베트, 네이멍구(내몽골) 포함 영토 내 소수민족 언어와 종교, 문화를 말살하는 링귀사이드(Linguicide), 컬쳐사이드(Culturecide) 정책을 펴고 있다. 그리고 동투르키스탄(신장)의 위구르족과 티베트의 티베트족 독립운동가들을 동투르키스탄(티베트)을 '조국' 중국으로부터 분리시키려는 분리주의자들이라고 비난한다. 그렇다면, 우리 독립운동가들도 조선을 '조국' 일본으로 분리시키려는 분리주의자였는가? 일부 서구 학자들은 러시아와 중국의 공격성을 누그러뜨리기 위해서는 두 나라의 탈식민화(decolonization)가 필요하다고 말한다. 제정 러시아(청제국)가 17세기 이후 정복한 소수민족 영역을 모두 독립시켜야 한다는 뜻이다.

일본 민족주의자들은 고대 야마토 왜국(倭國)이 마한, 진한, 변한, 백제, 신라, 가야 등이 자리했던 한반도 중남부를 지배했다고 주장한다. 중국과 일본의 주장대로라면 한반도 국가는 역사적 존재 근거가 없게 된다. 중국과 일본은 우리의 역사적, 영토적 정체성과 일체성(integrity)을 부정하려 한다. 러시아의 우크라이나 침공 합리화 논리와 같이 중국, 일본의 역사관도 한반도 침공 논리로 충분히 악용될 수 있다. 일어날 수도 있는 전쟁을 미리 막고, 국제사회에 역사적 사실(Fact)을 제대로 설명하기 위해서는 우리가 먼저 우리 역사를 정확하게 이해해야 한다.

저자는 경북 용궁중학교에 입학한 1975년부터 우리 역사 흐름에 큰 관심을 가졌다. 당시 읽었던 고전 시리즈 그리스-로마 신화, 이집트 신화는 물론 『삼국사기』와 『삼국지연의』, 『대망』 등의 영향이 컸다. 저자는 중학교 고학년 때부터 (안동고) 고등학생 시절까지는 무협소설에 심취하여 수 십 종류의 무협

한국의 기원을 찾아서

소설을 독파하기도 했다. 1981년 연세대에 입학한 이후에는 『십팔 사략』과 『사기』, 『자치통감』 등 중국 역사 서적을 읽기 시작했다. 저자는 대학생 때부터 '아마추어 역사연구가'가 되었다. 외교관이 되면서는 전쟁사와 외교사 등에 더 큰 관심을 갖게 되었다. 저자가 국내외 수많은 사학자들의 저서와 논문을 읽으면서 알게 된 것은 우리 역사서들이 역사적 사실(事實)과 흐름을 정확하게 짚어내지 못하고 있다는 것이다. 한국인이 어떻게 형성되었는지? 한국어는 어떤 언어인지? 정확하게 설명하지 못하고 있다. 우리 역사적 사건 다수가 우리 한국인이 쉽게 가서 보고, 연구할 수 없는 북한과 만주, 연해주, 몽골 등에서 일어났고, 문자로 된 사료가 매우 부족한 것도 그 이유 중 하나이다. 이른바 강단사학자 일부는 사료와 유적·유물 분석을 통해 역사적 정확성을 어느 정도 제시하고 있지만, 역사 흐름에 대한 상상력이 부족하고, 중국이나 일본 사학자들과는 다르게 우리 역사를 축소 지향적으로 관찰, 해석하여 교과서 등을 통해 국민들에게 왜곡된 역사인식을 심어주는 오류를 범해 왔다. 역사 해석 상당 부분은 사료나 유적·유물이 제대로 확보되지 않은 까닭에 해석에 주관이 개입할 소지가 있을 수밖에 없다. 특히 고대사 부분이 그러하다. 이에 더하여, 상당수 우리 사학자들은 일제강점기 일본과 조선 출신 어용학자들이 조선 식민화를 위해 만들어놓은 프레임과 시각에서 한 걸음도 나가려 하지 않는다. 우리 민족 원류를 예맥(濊貊)으로만 해석하며, 같은 동호(東胡) 계통인 선비(거란)나 말갈(숙신, 여진, 만주) 등의 성분은 '오랑캐'라 하여 의도적으로 배제한다. 그들 중 일부는 우리나라 관점에서 우리나라 역사를 쓰는 것을 거부하고, 객관적이지 못하다고 비난까지 한다. 역사 축소 해석은 민족 정체성과 일체성을 해친다. 이는 우리 민족이 설 자리를 허물고, 없애는 것과 같다. 한편, 이른바 재야사학자 상당수가 국수주의(國粹主義)에 빠져 문헌이나 유적·유물로 증명되지 않는 것들까지 사실로 간주하여, 아전인수식으로 해석함으로써 유사역사학자라는 오명(汚名)까지 뒤집어쓰게 되었다. 그 중 일부는 우리 고대국가 영역 문제 등과 관련 '수메르 문명 한민족 기원론' 같은 환단고기(桓檀古記)류의 과장되고 근거 없는 주장을 되풀이함으로써 스스로 신뢰를 무너뜨리고 있다. 우리 사학자들은 아직 △왕검성과 패수의 위치 등 고조선의 영역과 언어 △고구려 모본왕 시기 베이징과 타이위안 공

한국의 기원을 찾아서

격 기록 △부여의 낙랑군 공격 등과 관련 낙랑군의 위치 △한반도 중남부 원주민의 정체 △백제, 신라와 말갈 간 전쟁 △한반도 말갈의 정체 △언어를 포함한 가야의 실체 △백제 동성왕 시기 백제와 북위 간 전쟁 △고구려와 발해(후고려)의 영역 △공험진의 위치 △철령위의 위치 △위화도의 위치 △이성계 가문의 정체성 △명(청)과 조선 간 육상 경계 등 수 많은 의문에 대한 답을 정확하게 제시하지 못하고 있다. 역사는 문헌과 유적·유물 연구뿐 아니라, 자연과학적 방법과 함께 사회과학적, 인문과학적 상상력도 충분히 활용해야 사실에 가깝게 추론해 낼 수 있다.

이 글은 저자가 강원일보의 요청으로 '우리 역사의 결정적 장면 20개'를 선정, 2021년 4월부터 2022년 3월까지 약 1년간 연재한 것을 대폭 수정, 보완한 것이다. 저자는 우리 역사 20회 연재를 통해 우리 한(조선)민족의 형성과 발전에 큰 영향을 미친 전쟁 등 사건 위주로 상세히 기술함으로써 우리 민족의 기원과 형성 등에 대한 독자들의 이해를 제고(提高)하기 위해 노력했다. 우리가 역사를 공부하는 목적 중 다른 하나는 우리 민족의 역사를 확인함으로써 민족 정체성을 확인하고 유지, 발전시키기 위함이다. 한민족은 19세기 말 동학혁명 계기 민족주의 분출, 20세기 초 일본제국의 조선 식민화로 인해 중국인, 일본인, 만주인, 몽골인 등과는 구분되는 민족정체성을 보다 더 확고히 갖게 되었다.

역사는 한 나라, 한 민족이 살아오면서 획득한 인적, 물적, 정신적 기록의 총합이다. 역사의식이 없는 국가와 민족은 존재 근거를 상실한 것이나 마찬가지이다. 역사적 정체성은 그만큼 중요하다. 우리가 한민족으로서의 역사적 정체성을 유지하고 있어야 남·북한과 간도로 3분된 한민족 통합도 가능하다. 선진국 대한민국은 미국, 중국, 일본, 러시아, 우크라이나와 중앙아시아 등 외국에 거주하는 동포들의 구심점 역할을 해야 한다. 우리 역사는 우리 민족의 생존에 필요한 정신적 공간(Spiritual Lebensraum)이다. 한 민족이 생존해 나가기 위해서는 물리적 공간뿐 아니라, 역사적 공간 확보도 필요하다. 역사의식을 갖고 있어야 나라를 유지할 수 있고, 발전해 나갈 수 있다. 수많은 소수민족 역사가 보여주는 것처럼 언어말살과 함께 역사말살(Historicide)을 당하면, 민족 자체가 없어진다. 세계정세가 근본적으로 바뀔 때 한반도 통일은 물론, 한민

한국의 기원을 찾아서

족의 역사적 공간을 재통합할 수 있을 것이다. 그 때가 되어야 북만주의 '사슴이 뛰어 노는' 눈 덮인 자작나무 숲과 하천에서 탄생한 해모수의 '부여의 꿈', 추모의 '고구려의 꿈'을 재현할 수 있을 것이다. 저자는 민족 이동과 전쟁을 중심으로 관찰하여, 핵심사건 20개를 전후맥락에 따라 기술하는 방식으로 우리 역사 흐름을 설명했다. 우리 역사 흐름에 큰 영향을 미친 중국사, 몽골사, 중앙아시아사, 일본사도 활용했다. 이 책의 특징 중 하나는 오늘을 사는 독자들이 역사에 보다 쉽게 접근할 수 있도록 시대 역순으로 편집했다는 것이다. 이 책을 통해 민족 이동과 전쟁사를 통해 한국과 한민족의 기원을 정확하게 이해하게 되기 바란다. 장기 연재를 주선해 주신 강원일보 박진오 사장님께 감사드린다.

2022년 9월

남태령에서
白範欽

차례

중국 국·공 내전과

한반도 분단

갈갈이 찢긴 독립운동세력

1910년 8월 조선(대한제국) 멸망 전후로 서울의 이회영 가문과 안동의 이상룡, 김동삼, 이육사 가문, 해주의 안중근 가문, 그리고 최재형, 김좌진, 안창호, 김구, 이승만, 윤봉길, 김원봉, 서일, 홍범도, 이봉창, 백정기, 박열, 김창숙, 김두봉, 최용건, 김무정(김병희), 이홍광(이홍해), 김일성(김성주), 김책(김홍계), 강건(강신태), 박헌영과 여운형 등 수 많은 인사들이 만주와 중국, 미국, 러시아(소련), 국내 등 각지에서 독립운동에 참가했다. ①김구는 장제스의 중국 국민정부와 ②김원봉, 김두봉, 김무정 등(연안파)은 마오쩌둥의 중국 공산세력과 ③이승만은 미국과 ④김일성, 김책, 강건 등은 소련과 밀접한 관계를 갖고 있었다. ⑤박헌영과 이승엽, 여운형 등은 주로 국내에서 항일운동을 했다. 이는 나중 한반도 분단과 6.25 전쟁의 한 가지 원인으로 작용한다. 이들 중 끝까지 살아남아 정권을 장악한 인사가 미국의 지원을 받은 한국의 이승만과 소련의 지원을 받은 북한의 김일성이다.

친(親)마오쩌둥 조선인 부대의 만주 이동

1945년 8월 15일 일본은 미·소·영·중 등 연합국에 '무조건 항복'했다. 중국 공산당 근거지 싼시성 옌안의 홍군(공산군) 지휘관 주더(朱德)는 그해 8월 김무정 등에게 조선인 200여만 명이 살고 있던 만주로 이동, 군사기지를 구축할 것을 명했다. 당시 만주는 일본 관동군을 무장해제 시킨 소련군이 점령하고 있었으며, 1930년대 이후 일제가 건설한 대규모 첨단공업시설이 있었다. 장제스와 마오쩌둥은 국민정부의 임시수도 충칭에서 평화회담을 개최했다. 공산당은 91만 병력과 120만 명의 당원을 확보하고 있었다. 국민당에 비해서는 절대 열세였다. 회담 결과 10월 10일 '어떤 일이 있더라도 내전을 피하고, 독립·자유·부강의 새 중국을 건설한다.'는 합의가 이루어졌다.

10·10 합의에도 불구하고, 도처에서 내전이 계속되었다. 린뺘오(林彪)의 공산군 주력 제4야전군은 중요 이동수단인 철도 노선을 점령해 가면서 만주로 이동했다. 만주에서의 승패가 내전의 향방을 결정할 것이라고 믿었기 때문이다. 트루만(Harry Truman) 미국 대통령이 파견한 마셜(George Marshall) 특사는 1946년 1월 국부군의 우위를 인정하는 내용의 국·공 정전을 이끌어냈다. 하지만 국부군, 공산군 어느 측도 협정을 준수하지 않았다. 국부군(국민정부군)은 공산군에 대해 4:1이라는 압도적 군사력을 배경으로 1946년 3월 '10월 10일 협정'을 파기했다. 국부군은 그해 6월 공산군을 총공격했다. 마오쩌둥은 같은 달 린뺘오에게 소련군의 만주 철수가 이행되는 즉시 창춘과 하얼빈 등 북만주의 대도시들을 점령할 것을 지시했다. 공산당은 '향북발전 향남방어(向北發展 向南防禦)'를 모토로 만주에서의 승리, 황허(黃河) 이남 방어를 목표로 정했다. 공산군은 1946년 5월 점령지역 내 토지개혁을 실시하여 정치·군사적 기반을 확대했다. 토지개혁으로 인해 1947년 초 이후 만주에서의 분위기가 일거에 공산군에 우호적으로 바뀌었다. 국부군은 부패와 민중에 대한 탄압까지 더하여 지지를 상실해 갔다.

한국의 기원을 찾아서

만주의 중요성

중국 자문관으로 파견된 미국 장군 웨드마이어(Albert Wedemeyer)는 1945년 후반 장제스에게 만주로 전선을 확대하지 말고, 만주를 미·중·소·영·프 등 5대국 통치에 맡기는 한편, 만리장성 이남에는 유능한 행정관리를 파견, 국부군의 지배를 공고히 할 것을 건의했다. 장제스는 이를 거부했다. 웨드마이어는 미국 정부에 7개 사단 파병을 요청했으나, 미국 정부는 2개 해병대 사단만 중국에 파병했다. 마오쩌둥은 1945년 6월 중공 제7차 전국대표자 대회에서 "우리가 만주를 장악한다면 승리의 토대를 확보하는 셈이고, 승리는 결정된 것이다."라고 연설했다. 장제스 역시 "만주가 없으면 중국도 없다.", "우리가 만주를 점령하지 않으면 중국이 산업국가로 발전하기 어렵다."고 강조했다. 마오쩌둥은 린뱌오 등 고위간부 2만여 명과 최정예 20만여 병력을 만주에 투입했다. 장제스 역시 '동북정치위원회'와 '동북보안사령부'를 설치해 슝스후이를 주임, 두위밍을 총사령관, 순리런을 최강 신1군 사령관에 임명하고, 청더(承德)와 산하이관 등을 통해 신군 기계화사단 포함 13만 7000명을 투입했다. 아들 장징궈도 파견했다. 미군 해병대는 톈진항, 다롄항 등을 통한 국부군의 만주 배치를 적극 지원했다. 국부군은 만주의 실정을 잘 모르는데다가 부패, 무능하기까지 했다. 소련은 미국의 동의하에 만주를 중·소 간 완충지대로 만들려 했다. 만주 쟁탈전은 중국 내부 문제일 뿐만 아니라, 남·북한의 문제이기도 했다. 어느 쪽이 만주를 차지하느냐에 따라 남·북의 운명이 바뀔 수 있었기 때문이다. 김일성은 "조선혁명의 입장에서 만주가 장제스의 통치하에 들어가는 것은 결코 허용할 수 없다."고 말했다. 이승만은 "중국이 공산주의에 굴복하는 것을 묵과할 수 없다."고 선언했다. 제2차 세계대전이 막바지로 치닫던 1943년 11월 미·영·중 간 카이로 회담을 전후하여 장제스는 한강 이북을 국부군 통제 아래 두려 했다. 장제스가 아예 한반도 전체를 점령하려 했다는 미국 기록도 있다. 한편, 2022년 8월 16일자 일본 요미우리신문은 온라인으로 공개된 러시아 외교정책문서관 문서를 인용하여 다음과 같이 보도했다. 소련이 2차 대전 종전 무렵 미국에 38도선 이북 한반도는 물론 38도선 이남 부산, 제주도, 그리고 일본령 남사할린, 홋카이도와 쓰시마 점령도 제안했다는 것이다.

조선인 부대와 국공내전

1945년 8월 기준 2300만 조선 인구의 약 9%인 216만 명이 만주에 거주하고 있었다. 만주 잔류 140만 조선인의 5%인 6만 2942명이 공산군에 입대했다. 강건, 김무정, 이권무, 방호산(이천부) 등이 조선의용군을 지휘했다. 만주의 조선인들이 공산군을 지지한 이유는 공산당이 1946년 5월 대대적으로 토

한국의 기원을 찾아서

지개혁을 실시한데다가 민족차별을 거의 하지 않아서였다. 이에 반해, 국부군은 만주 거주 일부 조선인들이 일본과 만주국에 부역(附逆)했다는 등의 이유로 조선인 학대와 학살을 자행했다. 중공은 1946년 7월 평양에 조선주재 동북국사무소를 설치해 전략물자 공급, 남·북 만주 간 교통·통신 확보 업무를 수행하게 했다. 김일성은 동북국사무소 설치 이전인 1945년부터 9월부터 전력을 다해 공산군을 지원하기 시작했다. 국부군은 1946년 봄부터 본격적으로 만주 주요 도시 공략에 나섰다. 국부군은 스핑과 창춘 전투에서 공산군 제4야전군을 격파, 쑹화강 이북 북만주로 밀어냈다. 국부군은 그해 5월 창춘을 점령하는데 성공했다. 화베이(華北) 국부군은 1946년 가을 공산군 화베이 야전군을 격파하고 베이징과 네이멍구, 산시를 연결하는 전략요충 장자커우를 점령했다. 국부군이 스핑, 선양, 창춘 등을 점령하고, 철도 등 교통로를 장악함으로써, 공산군은 남만주와 북만주로 분리된 채 고립됐다. 이 무렵 공산군에 투항한 국부군 병력 18000여 명 약 2개 사단이 전쟁물자 2만여t을 갖고 단둥과 지안에서 북한 내부를 거쳐 북만주로 이동했다. 공산군은 북한을 교통로로 활용함으로써 패전 위기를 극복했다. 이때 미국 대통령 특사 마셜이 장제스에게 정전을 요구했다. 1946년 6월 6일 국·공 양측은 정전을 선언했다. 공산군은 소련군이 만주에서 노획한 대량의 일본 관동군 무기를 이양 받았다. 휴전을 바라는 미국을 지나치게 의식한 장제스는 광시군벌 출신이자 이란 계통 무슬림 바이충시(白崇禧·오마르 바하두르 앗-딘) 국방부장의 거듭된 재촉에도 불구하고 국부군의 북만주 진공을 명령하지 못했다. 1947년 3월 국부군에게 비워 주다시피 수도 옌안을 빼앗긴 공산군 지도부는 허베이로 이동, 시바이보를 임시수도로 삼았다. 1947년 춘계 이후 전선은 교착 상태에 빠졌다. 보급로가 차단된 만주의 국부군은 고립되기 시작했다. 공산 제4야전군은 반격을 개시, 1947년 12월까지 선양, 창춘, 진저우(錦州)를 제외한 만주 전역을 점령했다. 1948년 들어 국민정부는 내전으로 인한 경제위기 극복을 위해 통화개혁을 실시했으나 실패했다. 전국에 폭동이 일어났다. 미국은 중국에서 발을 뺄 준비를 했다. 장제스의 측근 천청이 지휘한 1948년 10월과 11월에 걸친 진저우, 창춘, 선양 전투에서 국부군은 공산 제4야전군에게 차례로 무너졌다. 1948년 5월부터 10월까지 6개월간 공산군에 의해 완전 포위되었던 창춘에서는 16만 명 이상의 아사자까지 나왔다. 국부군은 그해 11월 중하순 화이하이(淮海·쉬저우) 대회전에서도 대패했다. 1949년 1월에는 제4야전군과 화베이 야전군의 협공을 받은 핑진(베이징-톈진) 국부군도 무너졌다. 같은 해 4월에는 산시 군벌 옌시산의 근거지 타이위안도 점령당했다.

한국의 기원을 찾아서

장제스의 타이완 도피

  장제스와 광시군벌 출신 총통대리 리쭝런, 국방장관 바이충시 등은 창장(양자강) 이남을 방어, 창장 이남에서만이라도 국민당 정부를 유지할 생각이었다. 마오쩌둥은 쉴 틈을 주지 않았다. 그해 4월 공산군 1진 30만여 명이 바지선과 뗏목으로 구성된 1만 척이 넘는 배를 타고 창장 하류 약 600km에 걸쳐 개미떼처럼 도하했다. 항공기 230대, 군함 170척으로 구성된 국부군 해·공군은 속수무책이었다. 70만 육군이 지킨 방어진지도 무용지물이었다. 1945년 8월 장제스와의 비밀협약을 통해 확보했던 조차지 산둥반도 칭다오 주둔 미국 해병대 병력과 7함대가 1949년 5월 25일 철수했다. 국부군은 강남에서도 토담이 무너지듯 잇달아 쓰러졌다. 지장(智將) 바이충시의 분투에도 불구하고, 광둥과 광시, 윈난, 하이난다오도 곧 점령당했다. 마오쩌둥이 지휘한 공산군과 달리 군벌연합체 성격을 가진 국부군은 지휘, 명령 계통이 분산되어 있었다. 내전 중 수많은 국부군 부대가 쉽게 공산군에 항복하여 공산군으로 편제되었다. 공산군은 국공내전에서 승리한 직후 신장과 티베트를 유혈 점령했다. 마오쩌둥은 쑨원(孫文)과 장제스가 깔아 놓은 중국 통일의 길을 갈아엎은 다음 바로 그 옆에 공산주의 통일국가라는 새 길을 깔았다. 장제스는 청두(成都)가 함락된 1949년 12월 10일 300여 년 전의 정성공과 비슷하게 일부 병력만을 데리고 타이완으로 도주했다. 국부군은 후난, 구이저우, 윈난, 광둥, 광시, 하이난다오 등 어느 한 곳도 유지하지 못했다. 북한의 중국 공산군에 대한 정치·경제·군사적 지원은 공산군의 승리가 명백해진 이후인 1950년 2월까지 지속되었다.

조선인 부대, 6.25 전쟁 시 주력으로 참전

만주와 화베이 일대에서 활동한 조선의용군 출신 2100여 명이 1945년 10월 1차로 북한으로 들어갔다. 국·공 내전 말기 김책이 마오쩌둥에게 제4야전군 소속 조선인 대원의 북한 귀국을 요청한 결과, 조선의용군은 국공내전이 거의 끝난 1949년 말부터 대규모로 북한으로 들어가 북한군의 중핵이 되었다. 이때 들어간 조선인 병력은 주로 북한군 4, 5, 6, 7사단에 편입되었다. 6.25 발발 직전인 1950년 4월 18일 중공군 139, 140, 156사단 소속 조선인 사병 14000여 명이 북한으로 들어갔다. 이들은 북한군 12사단이 되었다. 그해 7월 마지막 17차로 하이난섬 점령 전투에 참전했던 조선인 사병 200여 명이 북한군에 합류했다. 1950년 북한군에 합류한 병력은 중국 남부 최전선에서 싸운 공산군 주력부대였다. 마오쩌둥으로서는 중국인민해방군(PLA) 내에 이민족인 조선인 부대를 안고 갈 이유가 없었다. '불감청고소원(不敢請固所願)'이었다. 김일성은 조선인 5~6개 사단(북한 육군의 47% 차지)과 알렉세이 허(허가

이), 남일, 박창옥 등의 기여로 고려인 1개 연대를 확보하고 난 다음 남침에 더욱 자신감을 갖게 되었다. 김일성과 함께 강건, 김책, 김무정 등이 북한군 수뇌부를 형성했다. 박헌영과 이승엽 등 남한 출신 공산주의자들이 남침에 더 적극적이었다. 황포군관학교 교관 출신 최용건과 독립운동단체 의열단 리더인 밀양 출신 김원봉 등 일부 간부들은 남침을 반대했다. 1950년 6월 25일 남침 후 조선인 위주로 구성된 사단장 이권무(또는 이건무)의 4사단(18연대)이 가장 먼저 서울을 점령하는 등 중국 내전에 참전했던 조선인들이 남침 선봉에 섰다. 김무정, 방호산, 이권무, 전우, 김창덕 등 북한군 사단장 10명 중 6명이 만주 출신 조선인이었다. 북한군 중 최초로 한강을 건너 김포, 영등포를 거쳐 경기도와 충남, 호남, 서부 경남을 석권한 북한군 6사단(중국인민해방군 166사단 개편)도 국공내전 시 명성을 얻은 사단장 방호산 휘하 조선인 위주로 구성되어 있었다. 김원봉도 북한 정부 국가검열장관(노동장관)으로 참전했다. 북한군 병력에는 안동 내앞 출신 독립투사 김동삼의 손자 김중생도 포함되어 있었다. 중국 잔류 조선인 병사들은 6·25 전쟁에 참전한 중공군 38, 39, 40, 42군에 집중 배치되어 전장에 투입되었다. 간도는 6·25 전쟁을 전후하여 전투병은 물론 통역과 의무병 파견 등 후방기지 역할을 수행했다. 통역과 의무병으로만 25000명 정도가 참전했다. 김일성은 거의 모든 군사력을 낙동강 전선에 투입했다. 미국은 한국군이 낙동강 전선으로 병력을 증파했다. 미군 주도 UN군은 1950년 9월 15일 인천상륙작전을 감행, 북한군을 38선 이북으로 밀어 냈다. UN군은 평양, 원산을 지나 압록강, 두만강 유역으로 진공해 갔다. 마오쩌둥은 10월 13일 린뱌오 등 부하들의 반대는 물론 내전이 아직 완전히 끝나지 않았음에도 불구, 한반도에 대군을 파병하기로 결정했다. 마오쩌둥은 거의 같은 시기에 4만 대군을 보내 티베트를 점령했다. 펑더화이(彭德懷)가 지휘한 공산군 1진이 10월 19일 야음을 틈타 압록강을 도하했다. 나중 지린성 서기와 중국인민해방군(PLA) 총후근부장 등을 역임하게 되는 충북 출신 조남기(자오난치·趙南起)도 중공군 부사령관 홍쉐즈(洪學智)의 통역으로 참전했다. 마오쩌둥의 아들 마오안잉도 러시아어 통역으로 참전했다. 중국 군대가 다시 한반도에 나타난 것은 1894년 청·일 전쟁 이후 56년 만이었다. 연인원 240만 명의 참전 중공군 중 30% 이상이 국부군 출신이었다. 중공군의 참전으로 인해 전쟁은 내전에서 국제전으로 변질되었다. 일본은 미군 주도 UN군에 수로안내팀원과 기뢰제거팀원, 수송팀원 등 연인원 2만여 명을 파병했다. 소련도 직·간접 참전했다. 스탈린이 세계 전략 차원에서 전쟁을 주도했다는 설도 있다. 전쟁은 1953년 7월 27일 휴전과 함께 끝났다. 한반도 분단은 기정사실이 되었다. 특히 아쉬운 것은 국군과 UN군이, 폭이 좁아 방어에 유리하며 한반도 인구의 85%를 차지하는 평양-원산만선까지 진격했을 때인 1950년 10월 19일 UN군 사령관 맥아더가 북진을 멈추는 결단을 내리지 않았다는 것이다. 그랬더라면, 신생 중국이 초강대국 미국과의 전쟁 위험을 무릅쓰면서까지 대군을 투입하지 않았을 것이고, 설령 중공군의 공세가 있었더라도 평양-원산만선을 지켜낼 수 있었을 것이다. 1951년 3월 서울을 재탈환했을 때도 이승만 대통령과 전선의 장군들인 백선엽, 리지웨이 등은 평양-원산만선까지 재북진하기를 원했지만, 유럽을 우선시하여 조속한 휴전을 바랐던 미국 국무장관 애치슨의 반대로 시도조차 못했다. 6.25 전쟁 최대 피해자는 남·북한과 간도의 한민족이었다.

해모수의 꿈, 추모의 꿈

1953년 7월 휴전 후 69년이 경과했다. 한국은 미국 주도의 지본주의 해양질서에, 북한 소련-중국 주도의 공산주의 대륙질서 속으로 들어갔다. 개방을 지향한 한국은 산업화와 민주화에 성공하여 G7 수준 선진국으로 발돋움했으나, 폐쇄를 택한 북한은 산업화와 민주화 모두 실패하고, 이른바 '백두혈통(白頭血統)'이라는 김씨 일가가 지배하는 사이비 공산주의 왕조체제를 채택, 핵무기와 미사일만 움켜쥔 최악의 빈곤 전제국가로 전락했다. 일본제국의 위성국 만주국(1932~1945) 장교로 근무하면서 일본의 만주 개발 과정을 곁눈질로나마 배웠던 박정희는 자유롭고 부유한 한국을, 같은 만주 땅에서 공산주의 항일 게릴라 활동을 했던 김일성은 전제적이고 가난한 북한을 만들어내었다. 아이러니다. 북한을 평화리에 흡수·합병하고, 만주의 '사슴이 뛰어노는' 눈 덮인 자작나무 숲과 하천에서 탄생한 '해모수(解慕漱)의 꿈', '추모의 꿈'을 이루는 새로운 시대가 열리기를 기대한다.

한국의 기원을 찾아서

조선의 식민지화를 결정한

러·일 전쟁

조선은 독립국

청·일 전쟁(1894~95)에서 승리한 일본은 1895년 4월 미국의 주선으로 체결된 시모노세키조약을 통해 ①조선이 독립국임을 확인하는 한편, ②△랴오둥반도와 △펑후열도를 포함한 타이완과 함께 △전쟁 배상금으로 순은(純銀) 2억 냥을 획득했다. 일본은 조선을 국제법적으로 청의 속박에서 완전히 풀려나게 함으로써, 언제든 조선을 침공할 수 있는 조건을 만들어 놓았다. 일본의 랴오둥반도 확보에 놀란 러시아는 조약

한국의 기원을 찾아서

체결 직후 독일과 프랑스를 끌어들여 일본을 위협, 랴오둥반도를 반환하게 했다(배상금은 당시 일본 정부의 6년 치 예산인 3억 냥으로 증액). 이 전쟁 배상금은 일본 산업화의 엔진이 되었다. 1895년 시모노세키조약 체결로부터 127년이 지난 오늘, 과거의 위세(威勢)를 회복한 중국(왕이 외교부장)은 2022년 8월 9일 칭다오에서 개최된 한·중 외교장관(박진-왕이)회담에서 「한국이 독립자주노선을 견지할 것」을 요구했다. 127년 전 전승국 일본이 패전국 청나라에게 요구했던 것과 판박이다. 한국을 속방화(屬邦化)하는데 필요하니 미국과의 관계를 정리하라는 뜻이다. 우리 지도자들은 왕이가 내뱉은 말의 함의를 제대로 해석은 했을까? 청·일 전쟁이 끝난 1895(을미)년부터 러·일 전쟁이 시작된 1904년까지 조선(대한제국)은 ①영·미와 ②일본, ③러시아 간 세력균형 아래 '무기력한 평화'를 누렸다. 주조(駐朝) 독일공사관 1등서기관이 조선 외무대신대리를 공사관으로 불러 뺨을 때릴 정도였다. 시어도어 루스벨트 대통령은 고종이 파견한 특사 호러스 알렌에게 '미국은 일격도 못 날리는 (조선이라는) 나라'를 일체 지원해 줄 수 없다고 말했다. 루스벨트 대통령은 조선 정부와 민족을 '세계에서 가장 못난 정부, 못난 민족'이라고 평가했다.

중전 민씨 시해, 아관파천

중전 민씨 일파는 3국 간섭에 성공한 러시아의 힘을 과신한 나머지 친러 정책을 밀고 나갔다. 이에 대해, 일본은 그해 10월 미우라(三浦梧樓) 주조(駐朝) 공사로 하여금 일본군과 낭인을 동원하고, 친일장교 이주회·이두황·우범선 등을 사주해 민씨를 시해케 했다(을미사변). 중전 민씨가 시해당한 것은 △일본의 모험주의 △일본-러시아 간 갈등 △조선 친일파-친러파 간 갈등 △민씨를 포함한 조선 지도부가 민심을 상실한 것 등이 원인이다. 민씨 시해에 이은 단발령(斷髮令)으로 인해 류인석과 허위(許蔿) 등 산림(山林·재야) 성리학자들을 중심으로 근왕창의(勤王倡義), 척왜(斥倭)를 내건 의병운동이 일어났으나, 곧 진압 당했다. 을미사변 4개월 뒤 국내외적으로 혼란이 지속되던 1896년 2월 친러파 이범진의 계획에 따라 고종은 주조(駐朝) 러시아공사관으로 망명(俄館播遷)했다. 조선에 대한 일본의 영향력이 감소했다. 아관파천은 조선의 필사적 생존책이기는 했지만, 러시아의 그레이트 게임(Great Game) 라이벌 영·미로부터 철저히 버림받게 되는 계기가 되었다. 러시아는 아관파천을 성사시킴으로써 조선을 친러화하는데 성공했지만, 대규모 병력을 실어 나를 수 있는 시베리아철도가 완성될 때까지는 뤼순-다롄조차(1898년) 외에는 일본과 타협하는 정책을 취했다. 대한제국 수도 한성에 주재하던 러시아 공사와 일본 공사가 조선(대한제국)과 만주에 대한 영향력 범위를 놓고, 아침·저녁으로 만나 협상했다. 러시아와 일본이 1896~1898년에 걸쳐 체결한 △베베르·고무라(Wäber·小村) 각서(일본군의 조선 주둔 허용) △로바노프·야마가타(Lobanov·山縣) 협정과 △로젠-니시 협정(만주-조선반도 분할)은 러·일 타협의 대표적 사례다. 청일 전쟁에 참전했으며, 총리를 역임하는 천민 출신 장군 야마가타가 1889년 오스트리아 빈(Wien) 체류 시 만난 국가학(Staatswissenschaften)을 전공한 폰 슈타인 교수는 야마가타에게 공격적 현실주의(offensive realism)에 입각, 한 나라의 주권선과 이익선 개념에 대해 설명했다. 주권선과 이익선 개념은 일본 외교의 근간이 되었다.

대한제국 성립

조선은 러·일이 조선반도와 만주를 놓고 각축하던 1897년 10월 '대한제국'으로 국호를 바꾸었다. 1900년 러시아는 '의화단의 난'에 편승, 15만 대군을 파병, 만주 전체 점령을 노렸다. 일본은 러시아에 대항하고자 ①영국과 동맹을 맺는 것과 ②러시아와 협상하는 것을 놓고 고심하다가 1902년 1월 ①영일동맹조약 체결로 방향을 잡았다. 일본은 패권국 대영제국의 경제·군사적 영향 아래 들어가는 길을 택함으로써 영·미의 지원을 확보할 수 있었다. 러시아는 1902년 러·프 동맹 적용 범위를 동아시아로 확대하려 했지만, 프랑스의 반대에 부딪혔다. 러시아는 1902년 4월 '러·청 철군협정'을 체결하는 등 만주에서의 이권 강화 관련 소극적 태도를 보이는 듯했다. 하지만, 만주 주둔군 제1기 철군까지만 이행했을 뿐 제2기 철군 대신, 1903년 4월 추가 파병, 랴오닝성 남부와 지린성 전역을 군사 점령했다. 5월에는 압록강을 건너 용암포까지 점령했다. 러시아가 대외정책을 바꾼 것은 비테와 람스도르프 등 온건파가 영향력을 잃고, 베조브라조프와 플레베를 비롯한 강경파가 권력을 장악했기 때문이다. 러시아와 일본은 1904년 2월 개전에 이르기까지 여러 차례 만주와 대한제국 문제를 두고 추가 협상했다. 일본의 주장은 러시아의 만주 우월권은 인정하되 기회균등원칙은 지켜져야 한다는 것이었다. 러시아는 러시아의 만주 독점과 북위 39도선 이북 한반도를 중립지대로 설정하는 등 일본이 군사적으로 한반도를 이용해서는 안 된다는 입장을 견지했다. 타협 여지가 사라졌다. 일본은 1904년 1월 개최 어전회의에서 강경책을 취하기로 결정했다. 일본은 러시아의 답변을 확인하지 않은 채 2월 임시각의에서 전쟁을 결정했다. 1904년 2월 6일 큐슈 사세보항을 출항한 도고(東鄕平八郞) 함대가 2월 8일 러시아 동아시아 함대 근거지 뤼순항을 기습 공격하면서 러일 전쟁이 시작되었다. 2월 9일 일본군은 다른 함

　　　　　　　　　　　　　　　　한국의 기원을 찾아서

선 14척을 동원하여 인천 앞바다에 정박한 러시아 군함 2척을 격침했다. 일본은 2월 10일에야 정식으로 선전 포고했다.

멸망으로 가는 대한제국

대한제국은 러일 전쟁 발발 이전인 1904년 1월 전시중립을 선언했지만, 러·일 어느 쪽도 무기력한 대한제국의 입장을 존중하지 않았다. 일본은 대한제국 황제(고종)는 물론 이지용과 이근택, 민영철 등 대신들을 회유했으며, 그 대신들에게 각 1만 엔(현재가치 약 25억 원)의 뇌물을 제공했다. 이지용과 이근택 등이 주한 일본 공사 하야시 곤스케에게 먼저 접근했다. 2월 12일 대한제국 정부는 각 군(郡)에, 통과하는 일본군에게 숙박 및 군수 일체를 협조할 것을 지시했다. 일본은 2월 23일 대한제국에 반(反)러시아 동맹조약(의정서) 체결을 요구했다. 이 조약을 통해 일본군은 대한제국 토지를 필요시 마음대로 군용지로 사용할 수 있게 되었다. 용산(둔지산)은 이 때 일본군 주둔지가 되었다. 조선 정부는 관찰사와 부사 등 지방관들에게 일본군이 요구하는 것을 들어 줄 것을 지시했다. 2월 28일 고종은 일본에 전쟁자금 18만원(현재가치 약 580억 원)을 기부했다. 이토 히로부미 특사는 3월 22일 고종에게 뇌물 30만 엔(현재가치 약 1,000억 원)을 헌상했다. 도고 함대가 뤼순항을 봉쇄하는 데 성공했으며, 4월 말 한반도를 거쳐 북진한 일본군 제1군(구로키 대장)은 5월 초 압록강 하구에서 러시아군을 격파했다. 제2군(오쿠 대장, 오가와 중장)은 다롄 중심 난산(南山)을 점령하여 러시아군의 동아시아 함대 근거지 뤼순항을 고립시켰다. 블라디보스토크에 기항하던 러시아 동아시아 함대 함선이 6월 대한해협(부산과 큐슈 사이 바다)까지 남하, 일본 육군수송선을 격침했다. 일본은 같은 달 만주 총사령부를 설치했다. 15개 사단으로 이뤄진 만주 주둔 일본군이 9월 랴오양을 점령했다. 사무라이 스타일의 노기 마레스케(나중 타이완 총독 겸 만주주둔군 총참모장 고다마 겐타로로 교체)가 지휘한 제3군은 1905년 1월 1일 30000여 명 이상이 사상당한 격전 끝에 스테셀 중장이 지휘한 러시아군의 저항을 뿌리치고, 군사요충 뤼순 203고지 일대를 점령했다. 203고지 점령은 뤼순항에 갇혀있던 러시아 동아시아 함대의 종말을 의미했다. 오야마 육군 총사령관이 지휘한 25만 일본군은 그해 3월 알렉세이 크로파트킨 동아시아 총사령관이 지휘한 32만여 러시아군을 선양 전투에서 격파, 육전을 거의 마무리했다. 러시아는 패배를 인정치 않고 북만주-시베리아 경계로 후퇴, 일본군을 시베리아까지 끌어들이고자 했다. 러시아는 주력을 하얼빈에 집결시켜 반격을 노렸다. 하지만, 러시아는 그해 1월 발생한 민중반란(피의 일요일) 탓에 전쟁을 지속할 능력을 상실하고 있었다. 영·미는 일본 국채 매수 등 전비(戰費) 측면에서도 일본을 적극 지원했다. 일본은 결정적 승기를 잡은 뒤 미국에 중재를 의뢰하기로 결정했다.

대한해협 해전

1904년 10월 15일 모항(母港) 라트비아 리바우항을 떠난 러시아 발틱 함대는 과적하여 흘수선(吃水線)이 높아진 관계로 함선 대부분이 수에즈 운하를 통과하지 못하고, 아프리카 남단 희망봉을 돌아갈 수 밖에 없어 전력이 크게 약해졌다. 더구나 발틱 함대는 석탄 공급 계약 갱신 문제로 인해 아프리카 동남부에 위치한 마다가스카르의 작은 항구에서 2개월여나 정박하고 있어야 했다. 그 이전 10월 24일에는 북해 도거뱅크에서 영국 어선을 일본 군함으로 오인, 격침시키는 실수를 범하여 영국 정부의 항의를 받기도 했다. 일본은 1905년 2월 6일 오전 제3 전함대와 제7 전함대로 하여금 쓰시마의 다케시키항을 출항하여, 그날 저녁 진해항에 이어 마산 전신국을 점령케 했다. 이어 2월 22일 시마네현 고시를 통해 발틱 함대가 블라디브스톡으로 입항하는 것을 차단하기 위해 일본이 임의로 설정한 5경계선상에 위치한 대한제국령 독도를 슬그머니 일본영토로 편입시켰다. 도고가 지휘한 일본 해군은 1905년 5월 27일 새벽 진해만 그늘에 숨어 기다리다 출격하여 24시간 계속된 대한해협 해전에서 정자전술(丁字戰術)을 써 러시아 발틱 함대를 격파하고, 로제스트벤스키 제독을 포로로 잡았다. 러시아를 경멸한 루스벨트 미국 대통령은 독일과 프랑스가 다시 간섭하고 나설 경우 즉각 일본 편에 서겠다고 경고했다. 또한 러시아와 일본에 대해서는 전쟁터를 확대하지 말고, 만주를 포함한 중국 영토 불가침 원칙을 지키라고 요구함으로써, 러시아의 만주 기득권을 부정했다. 미국은 만주를 빼앗을 생각까지 했다. 잉커우 포함 랴오허 하구(河口) 등 만주에 지대한 관심을 갖고 있던 미국은 러일 전쟁 후 일본의 세력 확대를 막기 위해 '오렌지 작전'이라는 대일(對日) 군사작전까지 계획한다.

포츠머드 평화협상

러시아의 동맹국 프랑스는 러일 전쟁에 휘말려 영국과 충돌하는 것만은 피하고자 했다. 프랑스는 전쟁에 말려들지 않고자 중립을 선언하고 4월 8일 영·프 협상(Entente Cordiale)을 체결했지만, 러시아 함대에 증기기관용 석탄을 공급해 주는 등 동맹국으로서의 의무는 다했다. 러시아의 진출 방향을 발칸·중동이 아닌 동아시아로 돌리고자 한 독일은 러시아가 '동아시아에서 공격받을 시 독일의 지원을 기대해도 좋다'는 뜻을 1903년 7월 이후 여러 차례 암시했다. 하지만, 1904년 1월 일본에 이번 전쟁에 개입하지 않겠다고 통보했으며, 개전과 함께 중립을 선언했다. 영국과 프랑스는 잠재적 적국 독일을 견제하려면 러시아의 군사력이 너무 약해져서는 곤란하다고 보았다. 미국은 일본이 동아시아 강국으로 부상하는 것을 위험시했다. 대한해협 해전 직후 일본은 루스벨트 대통령에게 강화조약 중재를 의뢰했다. 러시아와 일본은 1905년 6월 8일과 10일 각각 루스벨트의 제의를 수락했다. 미국은 6월 12일 강화를 알선할 것임을 공표했다. 일본은 7월 7일 러시아령 사할린섬 점령을 결행하여 러시아를 압박했다. 고무라·다카히라(小村·高平)와 비테·로젠이 8월 9일~9월 5일 미국 대서양 연안 포츠머스에서 진행한 강화교섭은 일본의 12개 제안을 토대로 이루어졌다. 러·일 양국은 △조선에서 일본 우위(paramount) △일본의 랴오둥반도 조차(租借) △남만주철도와 지선(支線) 관할 문제에는 쉽게 합의했으나 ①사할린 문제, ②전비 배상 문제, ③중립국에 억류된 러시아 군함 인도 문제, ④러시아의 동아시아 해군력 제한 문제에는 이견을 좁히지 못했다. 일본은 ①·②를 합쳐 북위 50도 이북 북사할린을 러시아에 돌려주는 대가로 12억 엔 어치 순은(純銀)을 내놓으라는 새 요구를 제시했다. 협상이 결렬 위기에 놓이자 일본은 배상금 문제는 철회하고, 남사할린 할양만 요구했다. 러·일은 미국의 강권 아래 1905년 9월 5일 포츠머스 강화조약을 체결했다. 일본은 △조선반도 관할권 △뤼순·다롄 조차권 △남만주 철도 부설권 △남사할린 영유권을 획득했다. 루스벨트는 노벨평

화상을 받았다.

대한제국 멸망

청·일 전쟁이 동아시아 지역 전쟁(Regional War)이었다면, 러·일 전쟁은 열강 모두의 이해관계가 걸린 유라시아 그레이트 게임의 일부였다. 러일 전쟁 후 영국의 제1 라이벌은 러시아에서 급속히 해군력을 증강하던 독일(독일 제2제국)로 바뀌었다. 영국은 프랑스와 함께 러시아의 군사력을 가급적 보전해 주려 했다. 일본의 팽창을 우려한 미국의 견제로 인해 일본은 러일 전쟁이 끝난 5년 후인 1910년에야 대한제국을 병탄할 수 있었다. 일본은 무기력한 조선을 어르고 달래서 국제법의 '조약'이라는 이름으로 합방을 강행했다. 이완용과 송병준, 이용구(이우필) 등 친일파들은 오스트리아-헝가리 2중 왕국식 병렬적 합방(合邦)을 기대했으나, 돌아온 것은 대한제국의 식민지화였다. 고종과 이완용, 박제순, 권중현, 고영희, 윤덕영, 조중응, 조민희, 민병석, 이근택, 이지용 등 대한제국 지도자들은 국가의식도 민족의식도 없었으며, 성리학 사대부들과 일반 국민들은 너무나 무기력했다. 대한제국 멸망의 최대 책임자는 고종을 필두로 한 왕가와 외척 민씨 일족이다. 그 다음 책임자는 성리학적 철학체계와 세계관에 집착했던 '우물 안 개구리' 사대부 엘리트들이다. 구체적으로 말하면, 주로 서인-노론 계통 사대부들이다. 다시 이런 일을 당하지 않기 위해서는 침략자 일본에만 책임을 물을 것이 아니라, 우리가 침략을 당한 원인을 분석하고, 재발 대책을 수립해야 한다. 이를 위해 멀리는 14세기 말 조선 스스로가 명나라 주도의 국제질서를 수용하여 속방(屬邦) 되기를 자원한 점, 가까이는 20세기 초까지도 성리학적 폐쇄적인 철학과 세계관에 집착하여 세계정세 변화 흐름을 못 읽고 국가사회 개혁을 시도조차 못한 점 등 우리가 가졌던 문제점들을 적나라하게 들추어내 보아야 한다. 1910년 대한제국이라는 나라는 멸망했지만, 조선 왕가는 덴노가(天皇家) 아래 이왕가(李王家)로 살아남았다. 일본 정부는 궁내성 산하에 '이왕직(李王職)'을 설치하고, 조선 왕족들을 덴노 가문에 버금가게 대우했다. 고려 왕실이 몽골 황실 일원이 된 것보다 지위는 낮고, 역할은 미미했다. 상당수 조선 귀족들은 일본 귀족으로 편입됐다.

동학농민봉기와 청·일 전쟁

메이지 유신과 일본의 흥기

1853년 미국 페리 흑선(증기선)의 도쿄만 출현에 놀란 도쿠카와(에도) 바쿠후(幕府)는 개항을 결정했다. 바쿠후는 1854년 요코하마에서 미·일 화친조약을 체결, 이즈반도 시모다와 홋카이도의 하코다테항을 개항했다. 바쿠후는 제정(帝政) 러시아의 남진에 대항, 1855년 러시아와 시모다 조약을 체결, 사할린섬(78,000㎢) 러·일 공유와 함께 쿠릴(치시마) 열도를 남북으로 분할, 점유하기로 합의했다. 1858년 일본은 미국과 불평 등 수호조약(修好條約)을 체결했다. 러시아가 1861년 2월 극동함대 함선을 쓰시마로 보내 아소만의 이모자키 지역을 점령하여, 그곳에 막사와 공장, 연병장 등을 건설했다. 러시아를 감당할 수 없었던 일본은 이를 러시아의 Great Game 라이벌 영국에 알려주었으며, 영국은 동양함대 군함 2척을 쓰시마에 파견하여 무력시위를 벌였다. 영국의 개입에 부담을 느낀 러시아는 곧 쓰시마로부터 철수했다. 1863년 벌어진 초슈번(야마구치현)과 미·영·프·네덜란드 간 시모노세키해협 포격전은 치외법권(治外法權) 포함 또 다른 불평등 조약으로 이어졌다. 4대 웅번(雄藩)의 하나로 꼽힌 초슈는 교토의 덴노(天皇)에 협력하여, 바쿠후를 타도하는 방향으로 나갔다. 1867년 11월 초슈번과 사쓰마번을 대표한 기도 다카요시와 사이고 다카모리는 도사번 출신 사카모토 료마(坂本龍馬)의 주선으로 삿초(薩長) 동맹을 결성했다. 삿초 동맹은 1868년 바쿠후를 타도하고 왕정복고와 개혁·개방을 요체로 하는 메이지 유신의 성공으로 이어졌다. 19세기 중반 일본은 △세계 은(銀)생산량의 약 1/3 △도시화율 세계 1위(도쿄 100만 명, 오사카와 교토 30~40만 명) △구미(歐美) 정보 유입 등 개혁·개방을 추진할 수 있는 잠재력을 갖고 있었다. 무엇보다 중요한 것은 일본은 조선과 달리, 유연한 세계관을 갖고 있었으며, 세계를 베이징 중심으로 보지 않았다는 것이다.

청나라 중심 조공질서의 종말

일본은 1875년 오츠크해 도서들에 대한 러시아와의 이견을 조정, 상페테스부르크 조약을 체결하여, 사할린에서는 손떼는 대신 캄차카반도와 홋카이도 사이 1300㎞에 걸쳐 펼쳐진 쿠릴열도 56개 섬(15600㎢) 모두에 대한 영유권을 확보했다. 한편, 사쓰마번은 임진왜란이 끝난 지 얼마 안 된 1609년 바쿠후의 승인을 받고 군대를 출동시켜 총면적 2712㎢(제주도의 1.5배)의 류큐 열도를 점령했다. 사쓰마번은 큐슈에 가까운 아마미 제도는 사탕수수 플랜테이션으로 만들어 직접 통치하는 대신 류큐의 명목상 독립은 유지시켜 주었다. 아마미 제도산 흑설탕은 지금도 유명하다. 류큐는 처음에는 명(明)과 사쓰마번, 나중에는 청(淸)과 사쓰마번의 양속(兩屬)상태가 되었다. 즉, 류큐가 청나라와 사쓰마번 양측에 조공했다는 뜻이다. 류큐는 1847년 영국과 프랑스에 개항했으며, 1854년 미국과 수호조약을 체결했다. 일본은 청(淸)의 국력이 소진될 기미를 보이던 1879년 류큐를 병탄했다. 청나라 중심 동아시아 조공질서에 금이 갔다. 류큐, 즉 오키나와는 1945년 2차 대전 시 미국에 점령되었다가 1972년 5월 일본에 반환되었다. 쿠릴열도와 오키나와제도를 장악한 일본의 지리적 범위는 청나라 필적하게 되었다. 일본은 확보한 영토를 지키기 위해서라도 해군 포함 군사력을 증강시키지 않을 수 없게 되었다.

한국의 기원을 찾아서

강대국 간 세력경쟁에 휘말린 조선

1866년(병인년) 프랑스군에 이어 1871년(신미년) 미군이 강화도를 침공했다. 만주족 청나라의 속방(屬邦) 조선이 대외 정책에 실패한 결과였다. 대원군 이하응이 통치하던 조선 조정은 조선 사회를 지배하던 성리학자들의 요구에 따라 척화(斥和)를 내 걸었다. 1871년 일본은 청과 대등한 조건으로 근대적 외교관계를 수립했다. 1873년 민씨(閔氏) 외척세력이 집권한 후 조선은 제한된 개항정책을 취했다. 1875년 일본은 운요오호를 동원, 조선을 개항을 요구했다. 이듬해 일본은 조선과 강화도조약을 체결, 조선에 한 발을 들여놓았다. 청은 원산만 방향으로 남진하려는 러시아 견제를 위해 속방 조선으로 하여금 1882년(임오년) 5월 제물포에서 미국과 수호통상조약을 체결케 했다. 청은 조선 조정에 러시아가 동해안을 따라 남진할 경우 해군력이 약한 청으로서는 조선을 지켜줄 수 없다고 통보했다. 1881년 주일 청나라 외교관 황준헌이 수신사 김홍집에게 건넨 『조선책략』은 조선과 청(親淸)-일(結日)-미국(聯美)간 연합을 통한 러시아 남진 저지를 위한 「청나라의, 청나라를 위한 '외교전략'」이었다. 1882(임오)년 7월 조정의 홀대에 분노한 조선 구식군대가 반란을 일으켰다. 조선은 청나라에 진압 지원을 요청했다. 청군은 군란을 진압하고, 용산에 군대를 주둔시켰다. 그리고 배후 실력자 이하응을 청나라로

납치해 갔다. 청은 이하응을 베이징 근교 바오딩(保定)에 유폐시켜 놓았다. 그해 8월 청은 조선과 '상민수륙무역장정'(장정: 청나라 국내용 문서라는 뜻)을 체결, 조선을 보호령으로 삼는 등 식민지로 만들어갔다. 1883년 조선은 영국, 독일 등과도 수호조약을 체결했다. 1884년(갑신년) 12월, 일본과 가까웠던 김옥균과 홍영식, 서광범 등 소장 개혁파들이 프랑스와 전쟁 중이던 청의 허를 찔러 친청(親淸) 민씨 정권에 반대하는 쿠데타를 일으켰다. 조선 주둔 청군 사령관 위안스카이가 병력을 지휘하여 창덕궁을 포위, 3일 만에 개화세력과 일본군을 몰아내고, 고종의 신병을 확보했다. 개화파 인사들은 대부분 일본으로 도주했다. 주조(駐朝) 일본 공사관은 불탔고, 다수 일본인이 죽임을 당했으며, 다케조에 공사는 겨우 일본으로 도망쳤다. 이 사건을 계기로 일본민족주의가 불타올랐다. 본격 시작된 신문 등 출판업의 발전이 이를 촉진시켰다. 공업화가 진전됨에 따라 군사력이 증강되기 시작했다.

조선은 1860년대부터 1890년대 초까지 30여 년 간 절체절명의 시간을 허비했다. 같은 30년이라도 세계가 급속도로 변화하던 19세기 말 30년과 18세기까지의 30년은 크게 다르다. 1885년 청나라는 일본과 톈진조약을 체결, 조선으로부터 군대를 철수하거나 파병할 때 사전 통보를 의무화하자는데 합의했다. 특히, 영국, 러시아, 청, 일본, 미국 등 열강 간 세력균형과 각국의 국내사정으로 인해 조선을 내버려둘 수밖에 없었던 1884년부터 1894년까지 10년 간 고종과 중전 민씨 포함 외척들의 행태는 목불인견이었다. 그들은 진령군이라는 무녀(巫女)를 국정에 깊숙이 끌어들이는 등 나라를 망하게 하지 못해 안달난 사람들처럼 행동했다.

조선, Great Game의 대상으로 전락하다

조선은 청과 일본을 함께 견제하고자 러시아에 지원을 요청했다. 영국은 유라시아 대륙의 패권을 놓고 벌인 그레이트 게임(Great Game)의 라이벌 러시아가 원산만과 부산 영도로 남하하려 하자 1885년 해군을 동원, 요충지 거문도(Port Hamilton)를 점령했다. 대제국 영국은 남하하는 러시아에 대항하는데 있어 지원군이 될 만한 나라로 일본을 눈여겨보기 시작했다. 청 해군은 독일이 건조한 기함(旗艦) 7335t급 정원(定遠)과 진원(鎭遠), 영국이 건조한 2300t급 순양함 치원(致遠), 정원(靖遠)을 포함한 대형 함선들을 보유하여, 1891년까지 외형상 일본 해군을 압도하고 있었다. 일본은 톈진조약을 체결한 후 청과의 전쟁 계획을 수립하고, 군비 증강에 사력을 다했다. 이에 반해, 청나라는 해군력 증강에 사용할 예산을 실력자 시태후 환갑 축하를 위한 이화원 공사비로 돌려놓았다. 일본이 도자기 수출로 벌어들인 돈으로 유럽 국가들에 신형 함정을 발주하는 등 해군력을 증강하는 동안 청나라는 10년 간 단 한 척의 함정도 추가로 확보하지 못했다. 1894년 2월 고부(정읍의 일부)군수 조병갑의 탐학에 견디다 못한 전라도 농민들이 동학의 이름으로 봉기했다. 전봉준이 이끈 동학군은 5월 10일 정읍 황토현에서 관군에 대승을 거두었다. 조선 조정은 충격에 빠졌다. 홍계훈이 이끄는 관군이 5월 28일 장성에서 동학군과 접전했으나, 다시 대패했다. 동학군은 5월 31일 전주성을 점령했다.

동학혁명과 청일 전쟁

민영휘(휘문의숙 창립자)를 포함한 집권 민씨 일파는 전봉준이 대원군(이하응)과 연결하여 정권을 위협할 가능성이 커지자 청나라에 원병을 요청했다. 톈진조약에 의거, 일본 정부도 파병을 결정했다. 리훙장은 1894년 6월 4일 직례제독 예즈차오(葉志超)에게 조선 출병을 명했다. 일본은 대본영(大本營)을 설치, 전쟁에 대비했다. 가와카미 참모차장과 무쓰 외무장관 등 개전파가 대청정책(對淸政策) 주도권을 장악했다. 일본은 산둥반도에서 인천항까지의 거리가 큐슈에서 인천까지보다 훨씬 짧다는 것을 고려, 청군이 출발하기 이틀 오토리 주조(駐朝) 공사가 지휘하는 1개 대대를 출발시켰다. 청군 선발대 800명이 6월 8일 아산에 상륙했다. 일본군은 6월 9일 수도 한양을 직공할 수 있는 제물포에 상륙했다. 조선 조정은 조선이 전쟁터가 될 것을 우려, 6월 11일 동학군과 전주화약(全州和約)을 체결했다. 외국군이 조선에 주둔할 명분이 없어졌다. 오토리 공사는 많은 병력이 조선에 계속 주둔하면 청나라와 충돌로 이어질 것으로 보고 "필수 병력만 남기고 쓰시마로 철수하자."고 건의했으나, 가와카미 참모차장과 무쓰 외무장관은 전쟁 불사를 주장했다. 리훙장은 가능한 일본과의 전쟁에 끌려들여가지 않으려 했다. 일본은 전쟁 구실을 만들고자 청·일 공동으로 조선의 정치개혁을 추진하자고 제안했다. 청이 거부했다. 일본은 조선 정부에 조선의 주권을 제약하는 내용의 「조·청(朝淸) 상민수륙무역장정」을 폐기할 것을 요구하는 등 최후통첩을 발하고, 한양의 청나라 총리공서를 공격했다. 일본은 7월 23일 오시마 요시마사가 지휘하는 한양 주둔군을 동원, 경복궁을 점령하여 고종과 중전 민씨를 포로로 잡고, 조선 정부에 청과의 국교를 단절할 것을 요구했다. 고종은 7월 24일 이하응에게 전권을 위임했다. 조선은 7월 25일 「조·청상민수륙무역장정」을 폐기했다. 일본은 이하응에게 청군 격퇴를 요청한다는 요지의 국서를 보내 줄 것을 강요했다. 청과 일본에 대한 조선의 대응은 뒤죽박죽 혼란스러웠다. 리훙장의 전략은 청군을 평양에 집결시켜 한양의 일본군 8000명과 맞서는 것이었다.

리훙장은 예즈차오가 지휘하는 아산의 청군 3500명을 평양으로 이동시키려 했다. 하지만, 예즈차오는 평양의 청군을 증강하는 한편, 아산의 청군도 증원하여 한양 주둔 일본군을 남북에서 포위·협격하자고 주장했다. 이토 히로부미 총리는 무쓰 외무장관에게 아산 공격 중지를 지시했으나, 무쓰 장관과 가와카미 참모차장은 기호지세(騎虎之勢)라고 판단, 전쟁으로 밀고 나갔다. 리훙장은 임차한 영국 선박 등에 병력을 태워 아산으로 보냈다. 일본 해군은 7월 25일 안산시 풍도 앞바다에서 청나라 병사가 탄 선박을 기습했다. 청나라 병사 1200명 모두가 익사했다. 기가 꺾인 청군은 7월 29일 벌어진 성환(成歡) 전투에서 오시마의 일본군에 패했다. 8월 1일 청나라와 일본 모두 서로 선전포고했다. 예즈차오는 성환 전투에서 승리했다고 거짓 보고하고는 충주, 춘천을 우회하여 평양으로 도주했다. 리훙장은 성환 전투에서 승리했다는 예즈차오를 평양의 청군 사령관에 임명했다. 평양의 청군 지휘부는 리훙장의 조치에 실망했다. 예즈차오는 압록강까지 후퇴하여 일본군의 보급로가 길어진 틈을 타 공격할 것을 지시했으나, 다른 장군들은 그의 지시를 받아들이지 않았다. 일본은 9월 13일 대본영을 히로시마로 전진시켰다. 9월 15일 노즈 미치쓰라 중장이 지휘하는 일본군 1만 7000명이 평양성의 청군 1만 4000명을 포위했다. 다음 날인 9월 16일 일본군이 탄약이 떨어져 후퇴하려는 순간, 예즈차오의 명령에 따라 청군이 성곽

한국의 기원을 찾아서

에 백기를 내걸었다. 청군은 조선에서 퇴각했다. 평양 상황을 파악하지 못한 리훙장은 9월 초 랴오둥반도 끝단 뤼순항을 통해 병력을 추가 파견했다. 일본 함대는 9월 17일 압록강 하구 해상에서 청나라 북양함대와 조우하여 5시간에 걸친 해전 끝에 북양함대를 대파했다. 기동력과 화력 모두 열세였던 북양함대의 패배는 불문가지였다. 패전한 북양함대는 다롄만으로 귀환했다. 일본군 제1군은 10월 압록강을 건너 평황, 이어 하이청을 점령했으며, 제2군은 11월 뤼순을 점령했다.

동학농민군 대패하다

일본은 청나라와 전쟁을 치르는 한편, 동학군과의 전투도 준비했다. 1894년 10월 27일 이노우에 주조(駐朝) 공사가 새로 부임했다. 이노우에는 1000여 명의 보병으로 하여금 조선 관군을 지원, 동학군 공격에 나섰다. 전봉준 등이 이끄는 2만여 동학군은 1894년 11월 18일~12월 31일 공주와 천안 사이에서 기관총 포함 신무기로 무장한 관군(양반 민병, 보부상 군대 포함)과 일본군을 맞아 혈전을 벌였으나 패배했다. 동학군은 12월 4~7일 간 공주 우금치 일대에서 벌어진 이두황 등의 2000여명 관군, 미나미 고지로의 200여명 일본군과의 전투에서 화력열세로 인해 다시 참패했다. 동학군 전사자들의 몸에서 흘러나온 지방이 산야를 덮어 멀리서 보면 산에 눈이 온 듯했다. 패전한 동학군 병력 3만여 명은 전남 해안 장흥까지 추격해온 일본군에게 대항, 12월 14~15일 간 석대뜰에서 전투를 치렀으며, 다시 한 번 수 천 명이 사상(死傷)당했다. 같은 달 청나라 북양함대는 일본 해군에 쫓겨 산둥반도 웨이하이(威海) 앞바다까지 도주했다. 제1군 사령관 야마가타 대장은 베이징 공격을 주장했다. 야마가타의 폭주를 우려한 일본 정부는 야마가타를 노즈로 교체했다. 일본 해군은 비슷한 시기 타이완의 부속도서 펑후열도를 점령했다. 전선이 확대됨에 따라 일본의 군사력은 바닥을 드러냈다. 일본은 근위사단과 북해도 둔전병까지 동원해야했다. 본토를 지킬 병력이 거의 없는 상태가 되었다. 취약해진 일본으로서는 가능한 조속히 전쟁을 끝내야 했다. 일본 해군은 1895년 2월 웨이하이를 점령하고, 웨이하이 앞 류궁다오(劉公島) 해전에서 태평천국군 출신 제독 딩루창(丁汝昌)이 지휘한 북양함대를 전멸시켰다. 그해 4월 7일 미국의 개입으로 청·일 시모노세키조약이 체결됐다.

한국의 기원을 찾아서

간도와 서압록강(비류수·파저강, 혼강) 일대 상실

만주, 중국을 정복하다

1644년 1월 역졸 출신 '틈왕(闖王)' 이자성이 세운 서쪽의 순나라 군대, 즉 순군(順軍)과 동쪽의 청군(淸軍)이라는 양면 공세에 직면한 명(明)의 종말이 다가왔다. 3월 초 순군이 페스트(黑死病) 확산으로 인해 수많은 주민들이 죽어나가던 베이징에 육박했다. 순군의 진격 속도가 너무 빨라 명 조정의 난징 환도는 검토할 수조차 없었다. 순군은 3월 18일 주민들의 환영을 받으며 베이징에 입성했다. 명 마지막 황제 숭정제는 자금성 뒤편 언덕 매산(경산)에서 목을 매었다. 산하이관의 명나라 랴오둥 방어 사령관 오삼계는 장병과 주민 50여만 명과 함께 베이징 방어를 위해 진격해 오던 도중 롼저우(탕산)에서 베이징 함락과 숭정제가 자결했다는 소식을 들었다. 오삼계는 순이 아닌 청을 택했다. 청나라의 산하이관 입관(入關)이 피 한 방울 흘리지 않고 이루어졌다. 순나라군이 산하이관에 접근하자 오삼계군이 관문을 열고나가 순나라군을 무찔렀다. 청제국에 인질로 잡혀있던 소현세자도 사실상 대칸인 예친왕 도르곤의 요구로 조선인 팔기 병력과 같이 청군의 산하이관 입관과 베이징 입성 행사에 참가했다. 오삼계가 이자성의 순나라에 항복했더라면 순과 청이 병립해 중국과 만주는 분리되었을 가능성이 크다. 조선과 몽골은 당장은 만주의 속국이 되었을 것이다. 세월이 흘러가면서 인구가 적은 만주(150~200만 명)는 조선(700여만 명)을 제대로 제어하지 못했을 것이며, 만주족은 결국 조선에 동화되었을 것이다.

만주의 속방(屬邦) 조선의 북쪽 경계

조선은 1637년부터 1895년까지 258년 간 만주-몽골 왕조 황제이자 대칸(大汗)이 지배하던 청제국의 속방(Satellite)이었다. 조선은 내적으로만 자주(自主)를 누렸다. 그런데, 한족(漢族)은 나라조차 없었다. 조선과 청제국은 19세기 말~20세기 초까지도 두만강 북안(北岸) 간도(間島) 영유권을 놓고 다투었다. 1905년 대한제국의 외교권을 빼앗은 일본제국이 1909년 청제국과 맺은 '간도협약'으로 인해 간도는 청제국령, 중화민국령, 만주국령, 다시 중화민국령, 곧 이어 중화인민공화국령이 되었다. 압록강 유역 단동시 펑황(鳳凰)까지의 영유권 문제도 검토할 필요가 있다. 한강에 북한강과 남한강 줄기가 있듯이 압록강도 우리가 압록강이라 부르는 동압록강 본류와 함께 혼강(비류수, 파저강 등)이라고 부르는 서압록강 지류가 있다. 1388년 이성계가 회군한 위화도(威化島)는 압록강 본류에 위치한, 우리가 잘 아는 하중도(河中島) 위화도가 아니라 그곳에서 동북방으로 30km 떨어진 서압록강, 즉 혼강 중하류 랴오닝성 관전현 서점자에 위치해 있다. 서점자는 3개의 물길이 마주쳐 반도를 형성한, 안동 하회나 예천 회룡포와 유사한 지형의 땅이다.

간도 영유권 문제

청제국은 중국 대륙을 잃게 되는 등의 유사시 만주족이 복귀해야 할 가능성에 대비, 조상의 발상지 백두산 좌우 압록강과 두만강 유역 40~50km까지를 봉금(封禁), 공한지(空閑地)로 설정했다. 무주지(無主地)가 된 것이다. 17세기 말~18세기 초 조선인에 의한 공한지 경작 등 경제활동과 이로 인한 청제

한국의 기원을 찾아서

국 관리 습격, 주민 살해 등 조·청 간 분쟁이 종종 일어났다. 1712년(숙종 38년) 청제국은 조선인들의 범죄를 구실로 만주족도 성지(聖地)로 여긴 백두산을 청제국 영토 안에 포함시키려는 의도로 백두산 국경 획정(劃定) 계획을 세웠다. 청은 측량을 위해 지린총독 목극등을 보냈다. 조선은 접반사 박권, 함경감사 이선부 등으로 하여금 목극등과 함께 백두산 지역을 측량케 했다. 이들은 늙었다는 핑계로 동행하지 않고, 접반사 이의복과 순찰사 조태상, 역관 김응헌 등 6명만 동행하여 목극등의 요구대로 정계비 위치를 정했다. 백두산 정상 동남쪽 약 4㎞ 지점(해발 2,200m)에 조·청 국경을 정하는 정계비가 세워졌다. 정계비에 '서쪽으로는 압록강, 동쪽으로는 토문강(투먼장)으로 경계를 정해 분수령에 비를 세운다(西爲鴨綠 東爲土門 故於分水嶺上 勒石爲記).'라고 기록했다. 여기서 '토문강'이 두만강(豆滿江)을 말하는 것인지? '투먼장(토문강·土們江)'을 말하는 것인지? 분명하지 않아 논란이 되었다. 1885년(고종 22년)과 1887년 서북경략사 어윤중은 청나라 관리와 회동, 정계비문 해석을 놓고 논의했는데, 현지답사 결과를 기초로 투먼장 동쪽에 위치한 간도가 조선에 속한다고 주장했다. 토문감계사로 파견된 강원도 안변부사 이중하 역시 1885년 1차 회담에서 정계비 해석상 두만강과 투먼장은 다른 강이라고 말했다. 1887년 2차 회담에서 이중하는 조·청 국경선으로 백두산 정상에서 가장 가까운 두만강 상류 홍토수선을 주장한 반면, 청나라 대표는 양강도 삼지연시 북쪽 북포태산(北胞胎山)에서 발원하는 두만강의 지류 홍단수선에 이어 그 남쪽의 석을수선을 조·청 국경선으로 수정 주장했다. 조선이 청의 논리를 압도했다. 이은 1888년 3차 회담에서도 결론이 나지 않았다.

조선은 1903년 투먼장 이동, 두만강 이북 간도지역 조선인을 보호하고자 이범윤을 간도관리사로 파견했다. 일본은 조선으로부터 외교권을 빼앗은 지 2년 뒤인 1907년 8월 용정(龍井)에 간도 일대를 관할하는 파출소를 설치, 간도가 일본의 보호령인 조선 영토라는 의사를 명확히 했다. 하지만, 일본은 1909년 9월 청나라로부터 남만주철도(뤼순-창춘) 부설권을 보장받는 등의 대가로 정계비에 대한 청의 해석을 인정하는 간도협약을 체결했다. 간도협약 제1조는 '청·일 정부는 두만강을 조·청 경계로 하고, 정계비로부터 석을수를 잇는 선을 국경선으로 한다.'고 규정했다. 백두산정계비에 기록된 '토문강'은 쑹화강(松花江) 상류인 투먼장이며, 간도가 조선 땅이라는 사실은 무시되었다. 일본은 간도협약 체결 직후 용정 파출소를 철수시켰다. 한편, 홍콩 반환 이전인 1982년 중국의 실력자 덩샤오핑은, 영국이 1842년 난징조약에 의거 영구 할양받은 홍콩섬(80㎢)과 주룽반도(47㎢)를 제외한 99년 기한 조차지(租借地) 신계(976㎢)만 반환하면 된다고 주장하자 "제국주

한국의 기원을 찾아서

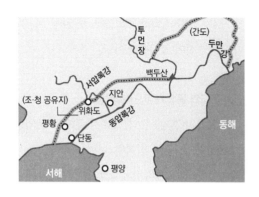

의 시대 중국과 체결된 모든 조약은 무효"라고 선언했다. 중국은 또한 인도가 실효 지배하고 있는 아루나찰프라데시에 대한 영유권을 주장하면서, △인도를 지배하던 영국과 △독립국이던 티베트, 그리고 △중화민국 3국간 1914년 체결된 "심라 국경조약"은 중화민국이 비준하지 않았으며, '제국주의의 산물'이라는 이유로 효력을 부인하고 있다. 덩샤오핑 선언 등 중국의 주장을 원용하면, 제국주의 시대에 이해 핵심 당사국인 조선을 배제하고, 청·일 간 체결된 간도협약 역시 무효이다. 2차 대전 종전 시 만주를 점령한 소련은 1948년 2월 북한과 간도 조선인 자치구 설립을 골자로 한 '평양 협정'을 체결했다. 소련은 간도 전체를 '자치공화국(SSR)'으로 만들어 북한에 편입시키려고도 했다. 1962년 10월과 1964년 3월 체결된 조·중 국경조약과 조·중 국경조약 의정서에 의거, 백두산 천지(天池)의

54.5%가 북한에 속하게 되었다. 백두산 부근만은 홍토수 선을 따라 국경선이 그어졌다.

압록강 유역 공유지(콘도미니엄)

서압록강(혼강) 유역 영유권 문제도 논의할 필요가 있다. 『조선왕조실록』은 '압록강 너머 180리(72㎞)까지 공한지(空閑地)이다. 랴오둥의 연산(連山) 파절(군부대 주둔지)까지 가야 명나라 초병이 보인다.'라고 기록하고 있다. 1480년 이전까지 압록강 서안(西岸) 180리까지의 땅은 명나라 영토가 아니었다는 뜻이다. 청나라 지배세력인 만주족은 유사시 원거주지로 돌아오게 될 가능성에 대비, 만주 대부분을 봉금(封禁)해 놓았다. 이에 따라, 17세기 중엽이후 만주 대부분의 인구밀도는 매우 희박했다. 이에 따라, 압록강과 두만강 유역 조선인들은 종종 강을 건너 만주 지역에서 경제활동을 영위했다. 거주하는 자들도 생겨났다. 박지원의 『열하일기』에 따르면 펑황 부근 책문(柵門)이 청나라 동쪽 국경이었다 한다. 북한 지도자 김일성은 열차편으로 중국을 방문할 때마다 책문이 있던 펑황을 지나고서야 "이제 정말 중국 땅에 들어섰다"고 말했다 한다. 1715년(숙종 41년) 헤이룽장성을 관할하는 청나라 잉고타(寧古塔) 장군의 두만강 인근 군(軍) 막사 설치, 1731년(영조 7년)과 1746년(영조 22년) 랴오닝성을 관할하는 선양 장군의 검

한국의 기원을 찾아서

문소 설치와 함께 책문을 압록강 쪽으로 이전하려는 시도 등이 조선의 끈질긴 이의 제기로 인해 실행되지 못했다. 조선 후기까지 많은 조선인들이 압록강 본류 서안(西岸) 조·청 공유지(Condominium)에서 농사를 지었다. 압록강 서안 공유지는 19세기 들어 청제국의 영향력이 조선을 압도하면서 청제국 영토로 굳어졌다. 이 지역은 1931년 일본의 만주 침략이후 일본의 위성국인 만주국 영토가 되었다가 2차 대전 후 중화민국을 거쳐 중화인민공화국 영토가 되었다. 조선과 일본에 양속(兩屬)되어 왔던 대마도(쓰시마) 역시 19세기 이후 근대 국제법 체계가 자리 잡으면서 정치·사회·문화적으로 가까운 관계를 유지했던 일본 영토로 굳어졌다. 16세기 이순신이 활약했던 두만강 하류 하중도 녹둔도(鹿屯島)는 19세기 큰 홍수로 인해 두만강 하류 흐름이 바뀌면서 함경북도 반대(러시아)편에 붙어 1860년 베이징 조약에 따라 러시아령이 되고 말았다.

정신 승리의 사상 독재국가 조선

'주자(朱子)의 나라' 조선은 15세기와 18세기 간 경계를 그리기 어려울 정도로 발전이 없었다. 16세기 학자 토정(土亭) 이지함은 과거 답안지에 '장자(莊子)'를 인용했다고, 선조에 의해 합격을 취소당했으며, 그보다 이른 명종 시기 서경덕은 '기(氣) 일원론'이 노장(老莊)의 영향을 받았다고 줄 곧 평가절하 당했다. 조선은 '성리학'이 지배하는 사상독재 국가였다. 왜란과 호란이라는 2차례에 걸친 외침을 받고서도 사상·철학에 변화가 거의 없었다. 조선은 만주족이 주도하는 동아시아 조공질서라는 큰 우산 아래에 안주했다. 성리학만을 진리로 고수한 송시열의 제자 권상하는 1709년 보령 한산사(寒山寺)에서 인성(人性)·물성(物性) 동질 여부에 대한 「호락논쟁(湖洛論爭)」을 주도했다. 호락논쟁은 훗날 노론이 인성·물성 간 이질성을 강조한 벽파(僻派)와 인성·물성 간 동질성을 강조한 시파(時派)가 갈라지는 계기가 되었다. 호락논쟁은 오랑캐 만주족도 문명을 이룩할 수 있느냐는 논쟁으로 이어졌다. 시골지역 충청도 '호(湖)'를 대표한 한원진과 달리 도시지역 서울과 그 주변 '락(洛)'을 대표한 이간은 오랑캐 만주족도 문명을 이룩할 수 있다고 주장했다. 19세기 '흑인 노예 해방' 전후 백인들 간 종종 했다는 '흑인도 영혼이 있다, 없다.'와 비슷한 수준의 논쟁이었다. 이간의 영향을 받은 박지원과 홍대용 등을 중심으로 청나라에서 배우자는 북학운동이 일어났으나 북학파 역시 성리학의 테두리를 뛰어넘지 못했다. 서인-노론 세력은 그들과 생각이 다른 남인, 소론 인사들을 박멸에 가깝게 제거했다. 허적과 윤휴, 윤선도, 박세당, 박태보, 정약용 일가 등이 희생당했다. 당시 조선은 청나라는 물론 네덜란드, 포르투갈 포함 서양으로부터 문물을 받아들인 일본에서도 배웠어야 했다. 영조는 청나라에서 가져온 망원경과 세계지도 등을 파훼했다. '계명군주(啓明君主)'라는 정조는 성리학 이외 모든 학문을 이단으로 규정했다. 대를 이어 노예가 되는 노비제도 역시 근본적 변화 없이 유지되었다. 이미 명나라 시대 주류였던 양명학조차 조선에서는 18세기에 시작되어 19세기가 되어서야 제대로 연구되기 시작했다.

근대국가로 발전해 간 일본

조선은 송시열과 권상하 같은 맹목의 노론 산림(山林)이 국가경영을 주도하는 가망 없는 나라가 되었다. 일본 지식인과 권력자는 조선과는 정반대 방향으로 움직였다. 일본은 1636년 도쿠가와 바쿠후(幕府)가 기독교 포교를 막기 위해 건설한 나가사키 앞바다의 인공섬 데지마(出島) 등을 통해 네덜란드, 포르투갈 등 유럽 국가들과 교류했다. 이에 따라, 일본 사회는 다차원적으로 발전하여, 19세기 중반 제국주의 시대가 시작되기 전 이미 근대화를 준비할 수 있는 상태에 도달했다. 조선은 1607년부터 1811년까지 에도(도쿄)의 도쿠가와 막부에 12차례나 통신사(전쟁포로 쇄환사 3회 포함)를 파견했으나, 1763년 조엄이 도입한 고구마 이외 제대로 배워 국익에 도움을 준 것이 없었다. 도쿠가와 막부 시대 일본은 이미 상하수도와 출판체제, 망원경 제작 기술, 해부학, 외과수술 능력을 갖고 있었다. 조선 통신사들은 청나라 수도 베이징조차 일본 에도와 오사카의 번영에는 미치지 못함을 잘 알고 있었다. 열하일기에 앞서 해동(일본)일기가 나왔어야 했다. 실학자들은 청나라뿐만 아니라, 일본에 대해서도 깊이 연구했어야 했다. 그럼에도 불구하고, 성리학(주자학)에 세뇌된 통신사들은 일본을 문명을 모르는 야만 오랑캐로 간주했다. 통신사들은 성리학적 시각에서 에도와 오사카의 번영을 '오랑캐에게 어울리지 않은 사치'라고 규정했다. 통신사들의 이러한 왜곡된 시각이 결국 20세기 초 일본에 의한 조선 식민화와 분단, 경제 발전 지체의 먼 원인이 되었다. 일본은 조선을 중국과 성리학밖에 모르는 어리석은 나라라고 평가했다. 조선은 일본을 교화시켜야 할 섬나라 오랑캐로, 일본은 조선을 △류큐(오키나와) △아이누(홋카이도와 사할린, 쿠릴열도 포함) △남만(南蠻) 네덜란드, 포르투갈 등과 함께 조공을 바치는 외번(外藩)으로 간주했다.

병자호란과 만절필동(萬折必東)

대지주 이황, 이이/ 외침(外侵)

1627(정묘)년 조선을 침공한 아이신고로 아민의 3만 명 후금군(後金軍)은 아민의 라이벌 대칸 홍타이지(청 태종)의 의향은 물론, 명나라군과 차하르 몽골군의 동향도 염두에 두면서 움직였다. 산하이관의 명나라 장군 원숭환과 조선, 몽골 차하르부 등의 협공을 우려한 후금이 먼저 화친을 요청했다. 1619년 사르후 전투이후 후금에 억류되어 있던 강홍립이 조선과 후금 사이를 중재했다. 온건한 내용의 조약이 체결됐다. ①후금

한국의 기원을 찾아서

군은 즉시 철군하며, ②철군 후 다시 압록강을 건너지 않고, ③후금-조선은 형제관계로 하며, ④조선은 후금과 맹약을 맺되 명나라와는 적대하지 않는다는 것이 요지였다. 후금은 조선에 무역을 강요하여 경제난을 어느 정도 해소할 수 있었다. 정묘호란 얼마 후 서인 정권은 "조선군의 배신으로 인해 명군이 사르후 전투에서 패했으며, 강홍립이 호란(胡亂)을 야기했다"고 강변했다. 외침을 당하고서도 인조 이종과 김류, 이귀, 김자점 등 중신들은 반성할 줄 몰랐다. 조선은 당시 동아시아 국가들 가운데 유일하게 노비의 자손은 모계를 통해 대대로 노비가 되는 나라였다. 우리 화폐 1000원 권의 주인공이자 남인의 비조 이황은 367구(口), 5000원 권의 주인공이자 서인의 시조 이이의 부모(이원수와 신사임당)는 111구의 노비를 소유한 대지주였다.

청나라, 포르투갈 대포와 해군을 손아귀에 넣다

1630년 명(明) 최후 황제 숭정제는 아이신고로 홍타이지의 반간계에 넘어가 대들보인 국방장관 겸 군총사령관 명장 원숭환을 책형(磔刑, 기둥에 묶어놓고 칼로 살을 바르는 형벌)에 처했다. 그 한 해 전인 1629년 황제 기망(欺罔)과 부패 혐의로 원숭환에게 참형(목을 벰)당했던 모문룡의 부하들인 공유덕, 경중명 등은 1631년 반란을 일으켜 산둥성 덩저우를 점령한 다음 진을 쳤다. 총병 조대필에게 패해 서한만 여기저기로 도망 다니던 이들은 1633년 5월 서한만의 장쯔다오(獐子島)로 들어 갔다. 가도의 명나라 장군 심세괴와 조선 해군이 협공해 오자 궁지에 몰린 이들은 14000명이 넘는 병력과 185척의 전함(戰艦), 30문(門)의 홍이(紅夷·포르투갈)대포를 갖고 후금에 투항 했다. 홍타이지는 수도 선양성 밖까지 나와 이들을 포용할 정 도로 환대했다. 조선은 명의 요구에 따라 해군을 동원하여 공 유덕, 경중명군을 추격하고, 이들을 호위하러 나온 후금군과 도 싸웠다. 신형 함선과 홍이대포를 확보한 후금은 그해 6월 홍타이지의 조카 아이신고로 요토가 지휘한 1만여 병력으로 하여금 랴오둥반도 최남단 명나라 군항 뤼순을 점령하게 했 다. 뤼순 함락은 명은 물론, 조선과 가도의 명나라 장군 심세 괴에게도 큰 충격을 주었다. 조선 조정이 강화도로 도피해도 더는 안전하지 않게 되었다. 양질의 해군과 대포를 확보한 후 금은 산하이관을 돌파할 수 있다는 자신감을 갖게 되었다. 홍 타이지는 명나라를 큰 나무에 비유하고, 좌·우의 조선과 몽골 을 찍어버리면 명나라는 저절로 쓰러질 것이라고 종종 말했다. 홍타이지는 1635년 이복동생 아이신고로 도르곤으로 하여금 몽골 투메트부 알탄칸(1507~1582)이 도읍했던 네이멍구 후허 하오터까지 원정케 했다. 후금은 이어 몽골 대칸 지위를 차지 하고 있던 차하르부를 복속시켰다. 대분열 시대의 몽골은 후

한국의 기원을 찾아서

금의 공세 앞에 무기력했다. 홍타이지는 1636년(병자년) 4월 국호를 금(金)에서 청(淸)으로 고쳤다.

기습당한 조선

홍타이지는 조선 원정을 준비해 놓고는 조선에 사신을 보내 만주 황제 겸 몽골 대칸에 즉위한 자신을 섬길 것을 요구했다. 조선은 이를 거부했다. 조선은 조만간 청나라가 침공해올 것으로 보고, 군사적 대비를 해 나갔다. 하지만, 아무 소용이 없었다. 지금으로부터 386년 전인 1636년 음력 12월 8일 홍타이지가 이끄는 한족, 몽골족, 조선인이 포함된 45000명의 청나라군이 얼어붙은 압록강(Yalu Ula)을 건넜다. 기습이었다. 당시 청나라는 조선 정복에 성공하지 못하면, 식량 부족 포함 격심한 경제난으로 인해 나라 자체가 와해될지도 모를 위급한 상황에 처해 있었다. 도르곤이 이끄는 동로군 별동대 8500명은 평안도-함경남도-황해도 지역을 약탈, 군량을 조달했다. 조선인 향도를 앞세운 요토의 선봉부대는 1일 90㎞ 속도로 남하했다. 황해도 황주에 주둔하던 도원수 김자점의 5000(나중 17000명으로 증가) 병력은 청군과 소규모 전투를 치르면서 12월 30일 양평까지 남하, 인조를 구원코자 했으나 청군 저지선에 막혀 전쟁이 끝날 때까지 남한산성에 접근조차 하지 못했다. 청군 전위부대 300기가 12월 14일 홍제(녹번)역에 진입했다. 잇달아 도착한 청군 기병대는 마포나루와 김포반도 등 강화도로 들어가는 모든 길목을 사전 차단했다. 청군 진영에 사신으로 파견된 최명길이 시간을 벌어주는 사이 인조 일행은 겨우 궁을 나와 한강을 건너 남한산성으로 들어갔다. 청군이 남한산성을 포위했다. 조선은 명나라에 구원을 요청했다.

쌍령 패전

인조를 구원하고자 경상 좌·우병사 허완과 민영이 9000여 명의 병사(속오군)들과 함께 북상했다. 선발대 2000여 명이 1637년 1월 2일 광주(廣州) 쌍령(雙嶺)에 도착했다. 이어 본대 7000~7500명도 도착, 쌍령 양측에 진을 치고 청군의 공격에 대비했다. 1월 3일 요토가 지휘하는 3000~5000여 기의 청군이 곤지암을 점령한 뒤 조선군의 동태를 살피고자 33기로 구성된 척후대를 쌍령으로 보냈다. 밤새 이동하여 조선군이 주둔한 산 위에 진을 치고 있던 청나라군 척후대가 산을 타고 내려와 허완 부대 목책에 다다르자 놀란 조선군은 때를 기다리지 못하고 무질서하게 발포했다. 능숙하지 못한 병사가 다수였던 조선군은 첫 발포에서 소지하고 있던 탄환을 거의 소진해 버렸다. 조선군 진영은 탄환 보급을 요구하는 병사들로 인해 혼란에 빠졌다. 이 모습을 지켜보던 청군 30여 기(騎)가 목책을 넘어 조선군을 급습했으며, 허완 부대의 조선군은 무질

서하게 도주했다. 반대쪽 민영 부대는 그런대로 잘 대응했으나, 분배를 위해 진영 한가운데 모아 놓았던 화약이 조총의 불꽃에 닿아 폭발하고 말았다. 탄약을 보급하던 지휘관과 군사 몇 명이 폭사했다. 폭음에 놀란 조선군이 우왕좌왕했다. 청군 300여 기가 돌진하여 조선군을 짓뭉갰다. 나머지 청군도 조선군을 공격했다. 이 전투에서 허완과 민영 포함 수천 명의 조선군이 전사한 것으로 추정된다. 이것이 바로 임진왜란 때의 ①칠천량 해전과 ②광교(용인)전투, ③6·25전쟁 때의 현리전투와 함께 한국 근·현대사 4대 패전의 하나인 '쌍령 전투'이다.

장순왕 영조와 공선왕 정조

쌍령 전투를 전후하여 여타 지방 근왕병 모두 무너졌다. 전라병사 김준룡이 지휘한 1637년 1월 6일 용인 광교산 전투 승리와 평안병사 유림이 지휘한 그해 1월 28일 철원 김화전투 승리는 대국(大局)에 영향을 미치지 못했다. 쌍령 전투이후 인조를 구원할 병력은 사실상 조선 어디에도 없게 되었다. 1637년 1월 25일 봉림대군(효종) 등이 도피해 있던 강화도가 조선 서해안에 살고 있던 여진족 출신 조선 어부들의 인도를 받은 아이신고로 도르곤이 지휘한 청군에게 함락 당했다. 말로는 조선을 구원할 것이라고 하던 명나라 해군이 산둥반도를 출발하기도 전이었다. 남한산성에서는 최명길 주도 주화파와 김상헌 주도 척화파가 언어로 소모전을 벌였다. 혹독한 추위와 식량 부족 속에 남한산성에서 45일을 버티던 인조는 1월 30일 한강 가 삼전도(三田渡)에서 홍타이지에게 '세 번 절하고, 아홉 번 머리를 조아리는 삼궤구고두(三跪九叩頭)'의 항례(降禮)를 올렸다. 인조의 항복 대상은 중국 황제가 아니라, 만주 황제 겸 몽골 대칸 홍타이지였다. 조선이 중국에 항복한 것이 결코 아니다. 청나라 핵심인 건주여진 오도리부는 15세기까지만 해도 김종서와 이징옥에게 힘없이 굴복하던 1개 여진 부족에 불과했다. 청군은 당시 청나라 경제상황이 최악이었던 데다가 조선 내 천연두가 청군 병력에 전염될 가능성도 있었던 관계로 소현세자와 봉림대군 포함 10여만 명의 조선인 포로를 끌고 급히 철군했다. 이런 이유로 청나라는 당초 계획과 달리 조선을 정복하거나 변발(辮髮) 등 습속 변경을 요구하지 못했다. 700만 인구의 조선이 150~200만 인구의 청에게 속절없이 당했다. 나라 자체를 빼앗기게 되는 한족의 명나라보다는 나은 처지라고 할까? 명나라 좌우의 몽골과 조선을 제압한 청나라 홍(콩)타이지에게 내부 반란으로 쓰러져가는 명나라는 이제 한 주먹거리에 불과하게 되었다. 인조의 권위는 땅에 떨어졌다. 인조 이후 조선 왕의 시호(諡號)는 조·종(祖宗)에서 '왕(王)'으로 격하되었다. 청나라가 내려준 16대 인조의 시호는 장목왕, 17대 효종은 충선왕, 18대 현종은 장각왕, 19대 숙종은

한국의 기원을 찾아서

희순왕, 20대 경종은 각공왕, 21대 영조는 장순왕, 22대 정조는 공선왕, 23대 순조는 선각왕, 추존왕 익종은 강목왕, 24대 헌종은 장숙왕, 25대 철종은 충경왕이다.

만주-몽골 연합왕조 청나라

병자호란 발생 원인은 다양하다. 첫째, 명나라 장수 공유덕 등이 해군 함선과 함께 홍이대포를 갖고 만주에 투항하고, 몽골제국 대칸 지위를 갖고 있던 차하르부도 만주에 정복당함으로써 동북아 군사균형이 청나라에 유리하게 변했다. 둘째, 청과 조선 모두 정묘조약을 어겼다. 특히 청은 조선에게 형제관계를 군신관계로 고치자고 하는 것 외에 대규모 병력, 함선과 함께 다량의 물자 공급도 요구했다. 종종 국경지역을 약탈하기까지 했다. 셋째, 모문룡의 가도 주둔과 명나라의 랴오둥 총사령관 웅정필(원숭환의 전임)의 삼방포치책(①명나라 육군, ②명나라 해군, ③조선군으로 만주군 상대)에서도 알 수 있듯 명나라는 어떻게 하든 조선을 전쟁에 끌어들이려 했다. 넷째, 홍타이지가 칭기즈칸-다얀칸의 직계 차하르부 링단(릭단)칸으로부터 대원옥새(大元玉璽)를 확보함으로써 만주 2대 황제(숭덕제)인 동시에 원(元) 41대 대칸(바얀체첸칸)으로도 즉위해 제국 건설의 정치적 명분을 얻었다. 청나라는 명(名)과 실(實) 모두 중국 왕조가 아니라 만주-몽골 연합왕조였다. △중

화인민공화국과 △(외)몽골 △타이완 △(티베트), △(동투르키
스탄), 그리고 △만주국(1932~1945) 등은 모두 청나라의 잔
해 위에서 태어난 나라들이다. 다섯째, 가장 핵심적으로는 황
제와 대칸을 동시에 칭한 청의 세계관과 명을 종주국으로 받
든 조선의 세계관이 양립할 수 없었다.

척화론과 만절필동(萬折必東)

병자호란 이후에도 정권을 유지할 수 있었던 서인 세력은
명나라 숭배를 고집했다. 효종 이후 추진했던 북벌(北伐)은 가
능성 없는 정치구호에 불과했다. 서인을 이은 노론 세력은 남
인, 소론 세력과의 당파싸움이 절정에 달했던 숙종 시기 서인-
노론의 비조(鼻祖) 이이와 그 어머니 신사임당을 정치적 상징
화했다. 이것이 오늘에까지 영향을 미쳐 이이는 오천원권에,
신사임당은 오만원권 지폐에 오롯이 새겨져 있다. 서인-노론
의 영향력이 오늘날까지 살아있는 것이다. 그런데, 윤집, 오달
제, 홍익한 등 삼학사 가운데 윤집은 척화론(斥和論)으로 유명
하다. 그의 조국은 조선이 아니라 명나라였다. 그는 "만주는
우리 부모 명나라의 원수입니다. 신하로서 부모의 원수와 형
제가 돼 부모를 버리겠습니까? 나라가 없어질지언정 명과의
의리는 버릴 수 없습니다."라고 했다. 조선 일반 백성들도 만
주족을 오랑캐로 여겨 멸시했다. 조선이 본 받아야 할 문명국

한국의 기원을 찾아서

가로 한족의 명나라를 지목한 『동몽선습(童蒙先習)』을 필수 교과서로 지정한 서당은 물론 서원 교육도 중화숭배론으로 점철되었기 때문이다. 조선에는 '호운불백년(胡運不百年)', 즉 '만주족 청나라는 여진족 금나라나 몽골족 원나라와 같이 100년여밖에 못 갈 것이다.'라는 기대 섞인 주장이 횡행했다. 두 번의 호란(胡亂) 이후 나온 『박씨전』과 『유충렬전』, 『조웅전』, 『장익성전』, 『신유복전』에는 만주와 몽골, 티베트 등 비한족(非漢族)에 대한 조선인의 적개심과 중화존숭사상이 잘 나타나 있다. 『유충렬전』, 『조웅전』, 『장익성전』, 『신유복전』의 주요 무대는 중국이고, 주인공들 모두 명나라 황제에게 충성을 다한다. 만주나 몽골(달단·타타르), 티베트(서번)는 오랑캐 적군으로 나온다. 이런 책들은 현대문으로 각색되어 1970~80년대까지도 학생 포함 국민들에게 널리 읽혔다. 서인-노론을 대표하는 인사 중 하나인 김만중의 『구운몽』 무대도 중국이다. 북학파의 대표로 『열하일기』 저자이기도 한 박지원조차 출신당파인 노론의 당론(黨論)에 따라 "효종의 임금은 명나라 천자이며, (노론의 영수) 송시열은 효종에게 하듯이 명나라 천자에게 충성을 다했고, 우리는 명나라 유민이다."라는 내용의 시를 지었다.

진보 민족주의 세력의 만절필동(萬折必東)

'재조지은(再造之恩)'은 조선인 어느 누구도 부정할 수 없는 국시(國是)이자 국가윤리였다. 산림 송시열을 따르던 권상하 등 성리학자들은 명나라가 망한지 1갑자(60년)되는 1704년 물 맑고 경치 좋은 소백산맥 속리산의 화양계곡 내에 지어진 화양서원 경내에 명나라의 '재조지은'을 되새기는 만동묘(萬東廟)를 완공했다. 만동묘(화양서원)는 묵패(墨牌)를 통해 일반 백성뿐만 아니라 부근 관리조차 탄압하고, 착취하는 부패의 온상이 되어 1865년 대원군 이하응의 서원혁파 제1 타켓이 되었다. 한편, 숙종은 같은 1704년 창덕궁 후원 으슥한 곳에 대보단(大報壇)을 세워 비밀리에 명나라 황제 제사를 지냈다. 이른바 '개혁군주' 정조는 「만절필동(萬折必東) 그 정성 힘써 따라 나가리(萬折餘誠志事遵)」라는 시를 짓고, '실학자' 정약용은 '명나라에 충성하자'는 요지의 답사(答辭)를 썼다. 1873년 고종 재위기 노론 산림 이항로의 제자 호조참판 최익현은 사직의 상소를 올리면서 국가의 제1 급선무로 대원군이 혁파한 '재조지은(再造之恩)'의 상징 만동묘 복구를 요구했다. 이항로와 최익현 등 노론 산림 사대부들은 청나라가 멸망의 위기에 처하자 조선이 중화 명나라의 전통을 잇게 되었다고 좋아했다. 그로부터 144년이 지난 2017년 12월 5일 노영민 주중국 대사는 중국 베이징 인민대회당에서 개최된 신임장 제정식 방명록에 '萬折必東'을 쓰고, 그로부터 2년 뒤인 2019년 2월 미국 의회를 방문한 문희상 국회의장은 펠로시(Nancy Pelosi) 미국 하원의장에게 손수 한자로 쓴 '萬折必東' 휘호를 선물했다. 문재인 전(前) 대통령의 이른바 '짱깨주의'에 대한 비판의식의 근저에도 이런 생각과 관점이 내포되어 있는 것으로 추측된다.

인조반정과 조선의 굴욕

~~~~~~~~~~

조선 분할이 논의되다

임진왜란 말기, 조선에 14만여 대군을 파병해 놓은 명나라는 경기, 충청, 전라, 경상 등 남부 4도 일본 할양안(割讓案)과 함께 정동행성 같은 조선 직할통치기구도 구상했다. 대동강을 경계로 명나라 세력권과 일본 세력권으로 분할하자는 논의도 있었다. 그러던 1597년(정유년) 7월 거제도 칠천량 해전에서 원균이 지휘한 조선 해군이 일본 해군에게 대패했다. 일본 해군이 남해 제해권을 장악한데 힘입어, 그해 8월 일본 육군 14만

한국의 기원을 찾아서

여 명이 다시 북상했다(정유재란). 고니시와 시마즈 요시히로 등이 이끄는 좌군(左軍)은 곧 남원과 전주를 점령했으며, 가토와 모리, 구로다 등이 이끄는 우군(右軍)은 천안까지 북상했다. 다시 조선 조정의 파천이 거론되었다. 그해 9월 7일 해생(解生)이 지휘한 명군 기병대가 천안(직산) 전투에서 일본 우군을 격파했다. 해군사령관으로 복직한 이순신이 지휘한 조선해군도 9월 16일 진도 울돌목에서 일본해군을 대파했다. 전쟁이 거의 끝나가던 1597년 말부터 조선군 5만 여명과 명나라군 14만 4000명, 그리고 일본군 14만 2000명은 울산(가토), 사천(시마즈 요시히로), 순천(고니시 유키나가) 등 조선 남부 해안을 중심으로 전투를 벌였다. 권율(2차 김응서)이 지휘한 조선군과 양호(2차 마귀〈麻貴〉)가 지휘한 조·명 연합군이 2차례에 걸쳐 울산 서생포의 가토 키요마사군을 공격했지만, 격파하지 못했다. 1598년 9월 도요토미 히데요시가 병사했다. 다음달 3~4만 명의 조·명 연합군이 사천에 주둔하던 8000명 규모의 시마즈 부대를 공격했으나 대패했다. 일본군은 그해 11월 조·명 연합해군과의 노량해전을 끝으로 일본으로 돌아갔다. 고니시군은 노량해전 패배에도 불구하고, 시마즈군의 지원을 받아 일본으로 퇴각할 수 있었다. 임진왜란은 1598년 11월 해군사령관 이순신의 전사, 전쟁 총책임자 영의정 류성룡의 파직과 함께 끝났다. 전후, 백성들의 원성과 불만을 잘 알고 있던 선조는 떨어진 권위를 회복하기 위해 이순신과 권율, 김시민, 황진, 정문부, 곽재우 등 조선 장군(의병장)들의 공을 폄훼하고, 명군의 역할을 크게 부각시켰다. 곽재우는 생명의 위협을 느끼고 은거했으며, 의병장 김덕령은 장살(杖殺) 당했다. 임진왜란 후 조선은 조선과 일본에 양속(兩屬)되어 있던 쓰시마 공략 의지를 내보이기도 했으나, 조선에 불리한 해류 흐름과 쓰시마가 빈곤한 도서라는 경제적 이유 등으로 인해 점령한다 해도 방어하기는 어렵다는 이유로 포기했다. 임란 이후 강강수월래가 유행했다. 강강수월래는 조선에 파병된 명나라군이 무리를 지어 "지금 막 순찰 돈다(剛剛巡邏·gang gang xun luo)."고 외치던 것이 조선 전통놀이와 결합해 발전한 것으로 보인다.

임진왜란과 만주족의 굴기

조선은 임진왜란을 겪고도 변화하지 못했다. 집권세력이 북인(대북)→서인→노론으로 이어짐에 따라 남인 류성룡의 징비록도 사장(死藏)되었다. 명나라의 지원에 대한 은혜 갚음을 의미하는 '재조지은(再造之恩)'이 국시(國是)이자 국가윤리가 되었다. 임란 후 명나라는 농민반란과 만주족의 침공으로 인해 멸망을 향해 달려간 반면, 일본은 발전된 경제·군사력·기술력과 국제정세에 대한 지식 등 명나라를 능가하는 국력을 갖게 되었다. 이에 힘입어 일본은 19세기 말 아시아 최초로 근대화에 성공했다. 일본의 조선 침공은 여진족이 다시 역사의 주인공으로 등장하는 계기가 되었다. 여진족은 ①고구려의 중심을 이루던 압록강-두만강 유역 건주여진, ②부여의 고토(故土) 창춘 일대의 해서여진, ③수렵과 어로를 위주로 하던 헤이룽장 북동부·연해주 지역 야인여진으로 3분되어 있었다. 건주여진이 상대적으로 발달된 문화와 경제구조를 가졌다. 혈연적으로 거란, 몽골과 가까운 해서여진은 예헤부(몽골 투메트부와 혼혈), 하다부, 호이파부, 울라(오라)부 등 4부로 구성됐는데, 예헤부와 하다부가 해서여진 패권을 놓고 다투었다. 칭기즈칸과 알탄칸의 피가 섞인 예헤부는 여진 여러 부족들 중 가장 명문 부족으로 인정받았다. 이들은 '후룬'이라 하면서 여진 종가(宗家)를 자처했다. 명나라는 숙적 몽골의 부흥을 막고자 여진 부족들을 지원했으나, 이들이 지나치게 강성해지는 것은 바라지 않았다. 명 조정은 랴오둥(遼東) 고려인 이천년(이조년의 둘째 형)의 6대손 이성량으로 하여금 여진족 대책을 총괄하게 했다. 이성량은 여진 각 부족이 서로 싸워 몽골의 동진을 저지하지 못할 정도로 약화되자 1개부를 지원해 다른 부들을 적절히 통제하는 방안을 생각해 냈다. 이에 따라 선정된 것이 젊고 유능한 아이신고로 누르하치(1559~1626)였다. 이성량의 지원을 배경으로 강력해진 누르하치는 1583년부터 1589년까지

6년간 숙수후, 후너허, 왕기야(완안), 동오, 저천 등 5개부를 모두 장악하여, 건주여진을 통일했다. 그리고 건주여진을 '만주'라고 호칭했다. 만주는 곧이어 해서여진과 여타 5부족으로 구성된 9부 연합군을 격파하고, 9부 연합군에 가담했던 백두산 부근 주셔리부와 너옌부를 병합했다. 1599년에는 해서여진 하다부도 항복시켰다. 이어 조선과의 통상로도 확보했다. 누르하치는 300명을 1니루(화살이라는 뜻)로 하는 군사·행정조직을 만들었다. 5니루를 1잘란으로, 5잘란을 1구사(旗)로 편성했다. 니루는 중대, 잘란은 대대, 구사는 여단(旅團)과 유사한 개념이다. 누르하치는 칸으로 즉위하기 전 이미 400니루를 확보했다. 12만 대군을 보유한 것이다. 기(구사)는 군사조직인 동시에 행정조직이기도 했다. 400니루 가운데 만주·몽골 혼성 니루가 308개, 몽골 니루가 76개, 한족 니루가 16개에 달하는 등 만주는 다민족적 성격을 띠었다. 누르하치는 국제무역 등 수렵과 어로뿐만 아니라 상업과 농업의 중요성도 잘 이해하는 탁월한 경제인이기도 했다. 만주는 1607년 해서여진 호이파부, 1613년 해서여진 울라부를 병합했다. 누르하치는 1616년 독립을 선언, 국호를 '금(金, Amba Aisin Gurun)'이라 하고, 수도를 추모왕이 고구려를 세운 오녀산성(흘승골성) 부근 허투알라(赫圖阿拉·興京)에 두었다.

사르후 전투, 동아시아의 향방을 결정하다

　누르하치의 금(後金)에 대해 공포를 느낀 명나라는 경제봉쇄를 단행했다. 이어 명나라는 1619년 초 조선에 출병한 적있는 양호를 랴오둥 경략(총사령관)에 임명했다. 양호는 선양에 주재하면서 후금에 대응했다. 명나라는 1619년 2월 10만여 명에 달하는 명-해서여진 예혜부-조선 연합군을 4로(路)로 나누어 후금의 수도 허투알라를 공격하기로 했다. 명은 △부사령관격인 광녕 총병* 이여백(임진왜란시 조선에 출병한 적이 있으며, 차하르 몽골군과의 랴오둥 전투에서 전사한 이여송의 동생)과 △산하이관 총병 두송, △랴오양 총병 유정, △개원 총병 마림 등 4명의 장군들로 하여금 각 1로를 담당하게 했다. *총병은 현대 군사용어로 사단장급이다. 후금의 라이벌 해서여진 예혜부가 15000명을 파병했다. 광해군 이혼(李琿)도 정권 기반인 대북파(大北派)를 포함한 성리학 사대부들의 강요로 인해 어쩔 수 없이 강홍립의 지휘 아래 조총부대와 포병부대 위주로 18000명의 원병을 파병했다. 조선군은 유정의 부대에 편입되었다. 1619년 3월 5일 누르하치는 아들 홍타이지 등과 함께 3만여 대군을 거느리고 선허(瀋河) 하안(河岸) 사르후(랴오닝성 푸순 인근)에서 '시커먼 흙비(매·霾)'를 정면으로 마주한 두송의 명나라 부대를 전멸시켰다. 패전 소식을 접한 양호는 이를 나머지 3로 장군들에게 일제히 통지했다. 이는 명군의 사기만 떨어뜨렸다. 후금군은 명군을 분산·고립시킨 후 각개 격파했다. 조선군은 9000여명이 사상당하는 등 큰 피해를 입었지만, 나머지는 강홍립의 지휘 아래 일사불란하게 후금군에 항복했다. 당시 집권 성리학 사대부들이 융통성을 갖고, 국제정세 변화를 제대로 읽는 사람들이었다면, 조선은 명나라가 아닌 후금과 동맹하는 길을 택했을 것이다. 조선은 후금과 함께 무능한 군주들의 악정(惡政) 하에 가뭄과 전염병 등 재해와 내란으로 쓰러져 가던 명나라를 선제공격했을 것이다. 청과 명의 의도를 정확하게 읽었더라면, 청·명 전쟁의 희생양이 되는 것만은 피할 수 있었을 것이다. 사르후 전투는 명과 후금 간 세력관계를 근본적으로 바꿔 놓았다. 누르하치는 상승세를 타고 예혜부도 평정했다. 이어 할하-코르친-자루드 부족의 몽골연합군도 격파했다. 명나라 패장 모문룡은 1621년 200여명의 부하를 거느리고 조선으로 피신해 왔다. 광해군은 모문룡을 화근으로 생각했다. 광해군은 명과 후금 모두를 자극하지 않기 위해 모문룡을 평안도 앞바다 가도(椵島)로 보냈다.

인조반정과 이괄의 난

1623년 4월 김류(신립의 부하로 충주 달천 전투에서 전사한 김여물의 아들), 이귀, 신경진(신립의 아들), 이서, 김자점, 최명길 등 이이(李珥)와 성혼, (노비 출신) 송익필을 추종하는 서인들이 무력을 동원하여 광해군 정권을 무너뜨렸다. 인조반정(쿠데타)이 일어난 것이다. 인조반정은 명-후금 간 균형외교의 종말을 의미했다. 광해군 폐위를 명령한 인목대비의 교서(敎書)는 인조 이종(李倧) 정권의 중화숭배주의가 얼마나 뼛속 깊이 박혔는지를 보여준다. "우리가 명(明)을 섬긴 지 200여 년이 지났으니, 의리로는 군신 사이요. 은혜로는 부자 사이다. 재조지은을 영원히 잊을 수 없다. 선조께서는 한 번도 명나라가 있는 서쪽을 등지고 앉지 않으셨다. 그런데 광해는 오랑캐와 화친했다." 명나라가 책봉을 미루어 전전긍긍하던 인조는 모문룡을 지원, 후금을 치는 데 앞장서겠다고 말하는 등 명나라의 환심을 사려 했다. 대환관 위충현이 장악한 명 조정 역시 정통성이 결여된 쿠데타 정권 대표 인조의 약점을 이용하여 조선을 후금과의 전쟁에 끌어들이려 했다. 인조가 모문룡 송덕비까지 세우는 등 저자세를 보이자, 모문룡은 조선에 군량과 군마, 조총, 병선 등을 지속 요구했다. 그런데, 김류와 이귀 주도 논공행상에서, 반정군을 실제 지휘한 북인 출신 무장 이괄(李适)은 반정에 늦게 참가했다는 이유로 김류와 이귀는 물론 김자점, 최명길, 이서, 이흥립 등보다 한 등급 아래인 2등 공신에 봉해지는 데 그쳤다. 이괄은 반정 직후 한성판윤 겸 좌포도대장으로 한성부 치안을 담당했다. 그러나 이괄은 반정 2개월 만에 후금이 침공할 우려가 있다는 반정 주류세력의 강요에 떠밀려 도원수 장만 추천 형식으로 평안병사 겸 부원수에 임명되어 군사요지인 청천강 북안(北岸) 영변으로 떠났다. 인조가 부임하는 이괄의 수레를 밀어주었다 한다. 이괄은 영변에서 후금의 침략에 대비했다. 그런데 이우와 문회 등이 이괄과 안주목사 정충신, 구성부사 한명련이 역모를 꾀하고 있다고 고변하면서 문제가 발생했다. 관노 출신으로 임진왜란 시의 무공(武功)을 통해 출세한 정충신은 곧 혐의를 벗었다. 이귀가 이괄을 잡아다 문초할 것을 강력히 주장했다. 인조는 타협책으로 이괄의 아들 이전을 잡아 오게 했다. 역적으로 몰린 이괄은 1624년 3월 13일 영변까지 온 금부도사를 죽여 시신을 불속에 집어 던지고 반기를 들었다. 이괄은 임진왜란 시 용맹을 떨친 한명련과 함께 1만여 명의 휘하 병력과 항왜(降倭, 임진왜란 때 투항한 왜병으로 1만여 명으로 추산) 120여 명을 앞세워 개천, 순천(평남), 황주, 개성을 잇달아 점령하고, 임진강변 마탄 전투에서 관군을 크게 무찌른 후 한양을 향해 진격했다. 3월 26일 이괄의 군대가 임진강을 건너고 있다는 급보가 올라오자 인조는 명나라에 원군을 요청하고, 한강을 건너 공주로 피난했다. 많은 백성들이 피난하는 인조를 비웃었다. 반란을 일으킨 지 불과 16일 만인 3월 29일 한양에 입성한 이괄은 한양 길마재(안산) 전투에서 장만과 정충신, 남이흥 등이 이끈 토벌군에게 패했다. 이괄은 남은 병력을 이끌고 이천 방

한국의 기원을 찾아서

면으로 도주했다. 이괄의 장래를 비관한 부하 이수백, 기익헌이 4월 1일 이괄을 살해했다. 인조는 4월 5일 한양으로 돌아왔다. 인조반정에 이은 이괄의 난으로 인해 광해군이 육성해 놓은 군사력이 붕괴되었다.

정묘호란

평안도 국경방어체제가 완전히 무너졌다. 한명련의 아들 한윤 등은 후금으로 도망쳤다. 정국은 긴장과 혼란으로 빠져 들어갔다. 임진왜란 시 함경도로 진출한 가토 부대를 몰아낸 북관대첩의 주인공 정문부도 이 때 권력투쟁의 희생양이 되었다. 1626년 2월 누르하치가 지휘한 후금군이 원숭환이 지키던 명나라 영원성을 공격하다가 패했다. 누르하치는 그해 8월 사망하고, 명문가로 꼽힌 예헤부 귀족 출신을 어머니로 둔 홍타이지(태종)가 계승했다. 조선군이 모문룡군과 함께 후금의 배후를 공격할까 두려워하던 홍타이지는 한윤 등으로부터 조선의 방비태세를 파악한 다음 1627(정묘)년 1월 사촌형 아이신고로 아민(형 누르하치에게 제거당한 슈르하치의 아들)으로 하여금 한윤을 포함한 팔기(八旗) 소속 조선인이 포함된 3만 대군을 이끌고 조선군과 모문룡군을 공격하게 했다. 후금의 1차 침공(정묘호란)은 후금의 극도 식량난 등 경제위기 타파 목적이 컸다. 사촌이자 라이벌인 홍타이지로부터 자립하고자 하는 아민의 개인적 욕구도 내포되어 있었다. 아민은 철산에서 모문룡군을 격파하고, 의주와 정주, 안주, 평양 등 평안도 여러 성을 점령했다. 인조는 강화로 도피했으며, 장남 소현세자는 분조(分朝)를 이끌고 전주로 내려갔다. 이괄의 난 이후 다시 반란이 일어날까 두려워하던 인조는 장군들에 대한 기찰(감시)을 강화하고, 되도록 습진(習陣·군사훈련)을 하지 못하게 했다. 광해군이 발탁한 만주 전문가 박엽은 1623년 인조반정 직후 처형당했으며, 청천강 남안(南岸) 안주에서 후금군 주력을 맞아 싸운 평안도 병마절도사 남이흥은 성이 함락될 즈음 폭약을 터뜨려 순국했다. 남이흥이 죽기 전 말한 그대로 기병 위주 후금군에 맞설 조선군 주력은 조총부대였는데, 군사훈련도 제대로 못해 보았기 때문에 조선군에게는 조총의 이점을 살릴 기회조차 없었다.

백운동 서원 건립과

임진왜란

몽골 고원의 풍운

나중 준가르제국의 기초가 되는 오이라트 초로스부 출신
으로 오이라트제국을 세운 에센은 칭기즈칸 가문(보르지긴씨)
출신이 아니었기 때문에 '몽골초원의 법'에 따라 대칸(大汗)이
될 수 없었다. 그는 처음에는 재상격인 타이시(太師)에 머물렀
다. 1452년 에센은 실력을 갖추어가던 칭기즈칸의 후예 토크
토아부카카간(可汗)을 죽이고 자립(찬탈)했다. 이에 대한 반발
로 대다수 몽골 부족이 에센으로부터 떨어져 나갔다. 세력을

한국의 기원을 찾아서

잃은 에센은 1454년 부하에게 피살되었다. 서만주에서 중앙 아시아까지를 영역으로 하던 오이라트제국이 붕괴했다. 모계 가 오이라트 출신이었던 까닭에 에센의 칭기즈칸 후손 학살에 서 살아남을 수 있었던 바투몽케, 즉 다얀(大元) 가한은 어머니 뻘 나이의 후견인이자 부인인 카툰(왕비) 만투하이의 도움으 로 북원(北元)을 재건했다. 다얀칸, 만투하이 부부의 후손들은 나중 △차하르 △할하 △우량칸 △투메트 △오르도스 △융시 예브 등 6개 투멘(부족)으로 나뉘었다. 다얀의 손자로 네이멍 구(內蒙古) 후허하오터 일대를 지배하던 투메트부 알탄칸 시대 에 이르러 조공(국경무역) 문제로 몽골-명나라 간 갈등이 격화 되었다. 알탄칸은 1542년 산시성 타이위안과 린펀(평양·平陽) 등을 노략질했으며, 1550년(명종 5년) 베이징 교외를 점령하 고, 베이징성을 포위하기에 이르렀다. 조선은 이때도 관망하 기만 했다.

왜구의 준동

왜구도 준동했다. 전기 왜구는 원나라, 고려의 쇠퇴와 함께 덴노가(天皇家)가 남북조(南北朝)로 분열되었던 일본 무로마치 막부 시대(1338~1573) 혼란과도 관련 있다. 전기 왜구에는 탐 라 등 한반도 남해안 주민들도 가담했다. 조선 태종과 세종은 울릉도가 왜구의 전진기지가 될까 우려, 쇄환정책을 실시하여 울릉도 포함 일부 섬 주민들을 육지로 불러들였다. 1419년 상왕 태종은 이종무를 시켜 쓰시마(대마도)를 선제 공격하게 했다. 고려 말(창왕)인 1389년과 태조 시기인 1396년에 이어 세 번째 쓰시마 공격이었다. 하지만, 점령으로까지 이어지지는 못했다. 조선이 쓰시마를 정벌하려 했던 것은 팽창주의적 황제 영락제의 명나라가 일본 정복을 시도할 경우 가장 큰 피해는 명나라군이 통과하게 될 조선이 당하게 될 가능성이 매우 컸기 때문이다. 1563년 이후 발생한 후기 왜구는 일본 전국시대 상공업 발달로 인한 화폐경제 발달과 밀접하게 관련되어 있다. 명 정규군마저 극도로 잔인한 왜구와의 전투를 두려워하게 되자 명나라인 중 왜구집단에 들어가는 자가 늘어났다. 후기 왜구의 70~80%가 녕나라인이라는 통계가 있을 정도이다. 왜구는 중국 연안 곳곳을 약탈했다. 일부는 조선, 타이완, 루손섬, 베트남, 타이, 말라카까지 들어갔다. 1644년 명나라 멸망 후 복명운동(復明運動) 주동자가 되는 중·일 혼혈 정성공의 집안도 푸젠(福建)에서 밀무역을 통해 부를 축적했다. 16세기 말 오와리(기후)의 영주 오다 노부나가에 의해 전국시대가 종식될 기미를 보이는 등 일본 정세가 안정되고, 호종헌과 척계광 등 명나라 장군들의 활약으로 인해 왜구가 줄어들기 시작했다. 후기 왜구는 임진왜란과 정유재란으로 이어지는 대재앙의 서곡에 불과했다. 동아시아의 변방이던 일본이 역사의 중심

한국의 기원을 찾아서

으로 뛰어오르는 순간이 다가왔다.

일본 전국시대의 종식

무로마치 바쿠후 말기 일부 슈고 다이묘(守護大名)의 힘이 쇼군(將軍)의 힘을 능가하기 시작했다. 1467년 쇼군 아시카가 요시마사의 후계자 문제로 시작된 '오닌의 난'은 슈고 다이묘들 간 이해관계가 얽히면서 11년간이나 지속되었다. 오닌의 난과 함께 △하극상(下剋上) △약육강식 △적자생존의 전국시대(戰國時代)가 시작됐다. 하극상의 주인공 신흥 센고쿠(戰國) 다이묘가 기존 슈고 다이묘를 대체해 나갔다. 중국 삼국시대와 5호 16국 시대, 고려 무인정권 초기와 같은 일이 일어난 것이다. 센고쿠 다이묘들은 자기가 살아남기 위해서라도 자국(自國)의 경제·군사·기술력을 발전시켜야 했다. 일본의 국력이 증강되었다. 큐슈 남단 사쓰마번(薩摩藩)의 시마즈 가문에 속한 다네가시마(種子島)의 소년 도주(島主) 다네가시마 도키타카는 1543년 포르투갈인으로부터 당대 유럽 최고 기계문명의 결과인 조총을 입수했다. 같은 해 조선 관리 주세붕은 소백산록 풍기에 '무실(務實)에는 무용(無用)한' 성리학자들을 양산하는 백운동(소수) 서원을 설립했다. 조총 도입과 서원 건립, 일본과 조선의 19세기를 결정한 상징적 사건이다. 다네가시마가 조총을 입수한 배경에는 풍부한 사철(砂鉄)과 함께 양질의 도검을 만들어 온 숙련된 기술자와 개방적인 다네가시마인들의 기질이 결합되어 있다. 오늘날 다네가시마에는 일본우주센터가 자리하고 있다. 오다는 시장을 활성화하고, 도량형을 통일하며, 전시 자유항 사카이를 점령하여 상업이익을 독점하는 등 영지의 경제력을 크게 신장시켰다. 상비군을 창설하고 조총을 전쟁에 본격 도입하여, 전쟁 양상을 변화시켰다.

일본 통일과 임진왜란

오다는 1575년 나가시노 전투에서 잘 훈련된 장병들로 하여금 조총을 연사(連射)하게 하는 방식으로 라이벌 다케다 가문의 기마전술을 무력화시켰다. 모리와 시마즈 등 대규모 다이묘 모두 오다에게 무릎을 꿇었다. 오다는 일본 통일을 향해 나가기 시작했다. 오다는 폭군이기는 했지만, 조총과 함께 기독교로 대표되는 새로운 사상도 수용한 합리적 근세인으로 근세사회로의 토대를 구축한 창의적 지도자로 인식되고 있다. 오다는 1582년 부장 아케치의 반란으로 수도 교토 근교 혼노지(本能寺)에서 자결로 내몰렸다. 오다의 부장인 평민 출신 도요토미 히데요시(기노시타 도키치로)가 권력을 장악했다. 도요토미는 도쿠가와, 우에스기, 모가미 등을 제외한 다이묘들을 제압하고, 전국시대를 끝장냈다. 도요토미는 1589년 6월 쓰시마도주 쇼 요시토시(宗義智)를 조선에 보내 통신사 파견을 요구했다. 조선은 처음 이를 거부했다. 도요토미는 1592년 조선은 물론 명나라와 인도까지 정복하겠다고 공언했다. 중국을 정복하고, 저장성 닝보로 관저를 옮길 것이라고 말하기도 했다. 그는 조선에, 함께 명나라를 치든지, 아니면 명나라로 가는 길을 내줄 것을 요구했다. 당시 선조 포함 조선 지배층이 유연하게 사고할 수 있었더라면, 조선이 전쟁터가 되는 것만은 피할 수도 있었을 것이다. 일본과 협상하여, 일본으로 하여금 서해와 보하이만(渤海灣)을 거쳐 베이징을 직공(直攻)하게 하고, 조선은 권율과 황진 등을 시켜 압록강 건너 랴오둥을 공격하게 할 수도 있었을 것이다. 아이신고로 누르하치의 건주여진 세력도 활용할 수 있었을 것이다. 이순신으로 하여금 서한만과 보하이만 제해권을 장악하게 하여 랴오둥반도와 산둥반도 명나라 항구들을 봉쇄할 수 있었을 것이다. 일본과 명나라는 일진일퇴의 격전을 벌여 두 나라 모두 피폐해 졌을 것이며, 조선은 랴오허(遼河)를 넘어 랴오시 의무려산(醫巫閭山) 일대까지 확보하여 명나라에 맞서는 나라가 될 수 있었을 것이다. 친명(親明)과 소중화주의라는 고정된 틀에 갇힌 조선은 그러지 못했지만, 기존 사고방식에 얽매이지 않았던 '오랑캐' 아이신 고로 누르하치는 만주를 통일하고, 명나라에 도전했다. 그의 아들 도얼곤이 중국을 정복했다.

허구의 10만 양병론

　임진왜란을 당한 조선의 국력은 일본과 비교할 수 없을 정도로 약체였다. 미국의 동아시아 전문가 라이샤워(Edwin Reischauer) 교수에 의하면, 당시 일본 인구는 약 2300만 명, 조선 인구는 900~1000만 명 정도였다 한다. 일본 영토는 33만㎢(현재 영토에서 홋카이도 일부 제외), 조선 영토는 약 22만㎢였다. 일본의 1년 곡물생산량은 200만t 가량인데 비해 조선의 곡물생산량은 102억 평에서 나오는 74만t에 불과했다. 조선 국력이 일본의 1/3 정도였다는 뜻이다. 74만t으로는 당시 조선 인구를 부양하기에도 벅찼다. 조선의 1년 세수는 9만t 정도였다. 9만t 예산으로는 행정기구를 운영하고, 상비군 1만 명도 유지하기 어렵다. 당시 조선 인구와 곡물생산량에 비추어 볼 때 율곡 이이가 주장했다 하는 '(상비군) 10만 양병론'이 허구에 불과하다는 것은 금방 알 수 있다. 인조이후 정권을 장악한 서인-노론 세력은 정통성 확보를 위해 서인의 비조(鼻祖) 율곡 이이와 현모양처로 알려진 그의 어머니 신사임당 신격화를 위해 갖가지 상징조작을 감행했다. 이이의 '10만 양병론'이나 신사임당과 이이 관련 각종 미담도 숙종 재위기 성리학 산림(山林)이자 노론의 거두 송시열이 주도한 '이이 미화 작업'의 결과라 한다. 한편, 거란과의 전쟁 시 30만 명, 여진 정벌 전쟁 시 17만 명 이상을 동원했던 고려에 비해 당시 조선은 군사적으로 약체였다. 이에 반해, 당시 일본은 상업은 물론 제조업 부문에서도 큰 발전을 이룩했다. 도요토미의 부장 고니시 유키나가와 가토 기요마사, 구로다 나가마사 등이 지휘한 세계 최강 17만 일본군 선봉대가 1592년 4월 부산포에 상륙했다. 고니시 등이 지휘한 일본군 선봉대는 밀양-상주-문경-충주를 거쳐 침공한 지 불과 2주일 만에 수도 한양을 점령했다. 기병 포함 1만여 명을 지휘하여 충주에서 고니시군을 요격한 선조의 사돈 신립은 '조선의 검각(劍閣)'이라 할 수 있는 천험(天險)의 조령과 이화령 일대를 버려두고 충주 달천들 인근 야산에 진을 쳤다가 고니시군에 대패하여 병력 거의 전부를 함몰시켰다. 그는 전술조차 제대로 모르는 어리석은 용장에 불과했다. 전쟁 발발 이전 명장이나 용장으로 유명했던 신립, 이일, 원균 등보다 이름이 알려지지 않았던 이순신(그리고 휘하 장수들), 황진, 곽재우, 한명련 등이 압도적으로 더 큰 활약을 했다. 격변의 시대를 살고 있는 우리가 반드시 되새겨야 할 역사적 진실이다. 조선 지배층의 학정(虐政)에 불만을 품고 있던 관노(官奴) 포함 백성들이 선조가 버린 경복궁에 불을 질렀다. 천대 받던 조선 백성 상당수가 자발적으로 일본군에 협력했다. 고니시는 평안도 평양을, 가토는 함경도 경성, 회령까지 진격했다. 가토는 휘하 일본인 직계병력 8000명과 스스로 참가한 조선인 병력 3000명을 지휘하여 두만강 건너 여진 부락을 공격하다가 건주여진 부족장 누르하치 군대에게 쫓겨났다. 누르하치는 선조 이연(李昖)에게 사신을 파견, 20000기(騎)의 원병을 보내주겠다고 제의하기도 했다. 고니시에게 몰린 끝에 개성, 평양, 영변을 거쳐 의주까지 도주한 선조는 전쟁 발발 4개월 뒤인 1592년 8월부터 명나라에 줄기차게 구원군을 요청했다. 선조는 조선을 버리고, 명나라 랴오둥(만주)에 망명하려는 계획까지 세웠다. 선조의 랴오둥 망명 시도는 결국 명나라의 반대로 성사되지 못했다. 대항해 시대 콜럼버스와 코페르니쿠스로 상징되는 유럽의 과학과 일본의 군사기술, 자본이 만난 사건이 임진왜란이었다.

국제화된 임진왜란

일본군의 조선 침공 사실을 확인한 명나라는 그해 7월 선발대로 랴오둥 부총병 조승훈(명-청 교체기에 활약한 조대수의 아버지) 휘하 5000여 명의 병력을 파병, 평양성을 공격하게 했다. 하지만, 조승훈은 조총부대를 중심으로 한 일본군의 반격에 대패하고, 압록강을 건너 도주했다. 그해 9월 조선에 파견된 명나라 사신 설번은 조선과 랴오둥이 '순망치한(脣亡齒寒) 관계'임을 들어 '파병 불가피'를 주장했다. 병부상서 석성도 동의했다. 명나라는 몽골과 모굴리스탄 칸국이 수시로 침공하고 농민반란이 빈발하는 상황이었는데도 불구하고, 일본군의 랴오둥 진입을 막기 위해 조선에 군대를 보내기로 결정했다. 김시민, 김성일 등이 지휘한 조선군은 곡창 호남 진출을 노려 1592년 10월 진주성을 공격했던 우키다 히데이에와 호소카와 타다오키 등이 지휘한 일본군 30000여 대군을 패퇴시켰다. 명나라는 1592년 12월 차관급인 병부 우시랑 겸 경략 송응창을 주(駐)조선 명군 총사령관에 임명했다. 송응창은 조선에서 국왕 선조와 같은 대우를 받았다. 명나라는 한반도 출신 랴오둥 전문가 이성량(1526~1615)의 아들 이여송을 전선사령관에 임명, 몽골 차하르부족과 투메트부족, 여진족, 다우르족(거란계) 등이 포함된 43000여 병력을 조선에 파병했다. 일본의 조선 침공전이 조선, 명나라 대(對) 일본 간 국제전쟁으로 바뀐 것이다. 1593년 1월 이여송은 포르투갈 대포(불랑기포)와 화전(火箭) 등 신무기를 보유한 저장군(浙江軍)도 동원하여 조선군과 함께 일본군이 점령하고 있던 평양성을 탈환했다. 이여송은 그 직후 기병 위주의 직속 랴오둥군만을 이끌고 한양으로 남진하다가 고양 벽제관 전투에서 일본군에게 대패했다. 전쟁이 소강상태에 빠졌다. 조선은 명나라 지원군과 이순신, 김시민, 권율, 황진 등 관군의 활약에 더해 정문부, 곽재우, 조헌, 정인홍 포함 의병장들의 분투로 망국만은 피할 수 있었다. 전쟁은 울산, 부산, 고성, 순천 등 남해안을 중심으로 장기전으로 접어들었다. 일본은 1597년(정유년) 8월 재침했다가

1598년 9월 도요토미 히데요시가 죽은 후 철군을 결정, 1598년 11월 완전 철군했다. 명군은 1600년 9월 철군했다. 일본은 임진왜란 기간 중 이삼평, 심당길 등 도공(陶工)과 강항 포함 유학자들을 대거 납치하고, 각종 도서(10만 여권) 등 문화재들을 대규모로 약탈하여 도자기 대량 제조와 문예 부흥의 기틀을 마련했다.

공리공론에 찌든 조선

조선이 크게 약해진 근본 원인은 중화(善)-오랑캐(惡) 논리의 성리학이 지배 이데올로기로 확고하게 자리 잡은 것과 함께 1453년(단종 1년) 발생한 계유 쿠데타부터 선조 집권기인 1589년부터 1591년까지 계속된 기축참사(동인 대학살)에 이르기까지 140여 년간 사대부 엘리트들이 수천 명을 서로 죽이고, 죽는 자괴작용(自壞作用)을 일으킨 데 있다. 명나라의 동아시아 헤게모니에 안주하던 조선의 군사력은 계속 약화되어 갔다. 세조 시기 이시애의 난 때 5만여 명을 동원할 수 있었던 나라가 정예 상비군 1만 명도 유지하기 어려운 나라가 되었다. 20~30만 명을 동원하던 고려나 고구려와는 비교할 수조차 없었다. 성종대 이후 성리학자들의 정관계 진출이 활발해짐에 따라 조선은 공리공론(空理空論)에 찌든 나라가 되었다. 명군 총사령관 송응창마저 조선 사대부들이 과거시험에서조차 성

한국의 기원을 찾아서

리학만을 절대시하는 것을 한심하게 생각할 정도였다. 명나라 과거는 성리학이니, 양명학이니 하는 학풍(學風)에 얽매이지 않고, 논리와 문장력 위주로 당락을 결정했다. 조선 성리학자들은 적은 량(量)의 잉여농산물과 노예 노동력에 목을 매고 있었다. 이황 등 성리학자들은 겉으로는 도덕과 철학을 말하면서, 안으로는 토지 규모와 노비 수를 늘리는데 집착했다. 이황이 선조에게 올린 '시무 6조'(무진봉사·戊辰封事)에는 동시대의 성리학자이자 북인의 비조 조식(曺植)의 상소문과 달리 민생에 대한 것은 단 1%도 포함되어 있지 않다. 조선은 유교 규범인 '삼강(三綱)'과 '오상(五常)'을 뜻하는 '강상(綱常)의 윤리'를 국가의 근간으로 내세웠다. 지금 우리 사회에도 겉으로는 △평등과 △공정 △상식이라는 대의를 말하면서, 안으로는 자기이익에만 집착하는 이중적인 사람들이 대다수다. 더 큰 문제는 조선 성리학 사대부들이 조선인으로서의 정체성이나 주체성을 갖지 못한 데 있다. 조선 사대부 성리학자들의 인생 최고 목표는 명나라 사대부들과 같이 되는 것이었다. 명나라가 바로 그들의 세계였으며, 목적이었고, 하늘이었다. 오늘날 일부 우리 지도층 인사들의 의식 속에는 미국이 전부이고, 하늘로 자리잡고 있다.

몽골의 베이징 포위와
길 잃은 조선

오랑캐(조선)가 오랑캐(몽골, 여진, 왜)를 오랑캐라고 부르다

조선은 1392년 몽골제국의 잔해(殘骸) 위에서, 송시열 등
성리학자들 해석에 의하면, '작은 나라는 큰 나라를 섬긴다.'라
는 '이소사대(以小事大)' 정신의 위화도 회군(1388년 음력 5월)
을 정치·군사적 배경으로 하여 태어났다. 이성계와 정도전으
로 대표되는 조선 건국세력은 몽골제국의 수도 카라코룸(하
르허링)이 한자로 화림(和林·Helin) 또는 화령(和寧·Hening)
으로 표기된다는 것에 착안, 명나라에 새 나라의 국호로 조선

과 화령 중 골라줄 것을 요청했다. 나중 영흥으로 개명되는 화령(함흥 부근)은 이성계의 출생지이기도 했다. 명(明)은 실체가 확인되지 않은 기자조선(箕子朝鮮)같이 이성계 정권이 명에 고분고분하기를 기대하여, '조선'을 골라주었다. 정화의 인도양 원정, 영락제의 몽골 원정 등 명나라의 압도적 경제력·군사력에 눌린 조선 왕과 사대부들은 1, 2차 왕자의 난을 거치면서 사대주의와 더불어 「성리학적 화이관(華夷觀)」에 중독되어 갔다. 그들은 명나라 주도 동아시아 질서에 순응하는 것만이 조선왕조와 기득권 사대부 중심의 지배질서를 지킬 수 있는 최선의 방안이라고 생각했다. 고려가 사용했던 황제, 천자, 폐하, 태자 같은 용어를 제후국 수장과 계승자를 뜻하는 왕, 전하, 세자로 바꾸고, 자주의 상징인 '천제(天祭: 하늘에 제사 지내는 것)'를 그만두었다. 조선은 왕에게 '만세(萬歲)' 대신 '천세(千歲)'를 불렀다. 조선은 '사직의 안녕과 평화'를 위해 스스로를 '중앙정권'에서 '지방정권'으로 격하시켰다. 조선인 자체가 북송(北宋) 소식이 북방 오랑캐의 하나인 '맥적(貊狄)'이라고 부르던 '비한족(非漢族) 오랑캐'임에도 불구, 조선 성리학 사대부들은 한족과 조선인을 제외한 여타 동아시아 종족 모두를 오랑캐로 여겼다. 자가당착에 빠진 것이다. 조선 성리학 사대부들에게 있어 한족의 명나라는 롤 모델이었으며, 세계를 보는 척도(尺度)이기도 했다.

몽골의 부흥과 조선

주원장의 넷째 아들 연왕(燕王) 주체가 1399년 옌징(베이징)에서 수도 난징의 건문제에 대항, 반란을 일으키자 조선도 여기에 휘말렸다. 1402년 여진족 출신 건문제파 장군 임팔라실리가 2만여 명을 이끌고 도주, 압록강을 건너 조선 입국을 요청했다. 임팔라실리를 따르는 사람들 중에는 최강(崔康)을 포함한 요동 고려인(조선인)도 다수 포함되어 있었다. 태종 이방원은 주체와 충돌하지 않으려고 나중 임팔라실리 등 일부를 주체에게 넘겨주었다. 태종은 명나라 내란이 4년간이나 지속됐는데도 불구하고, 관망하는 자세를 취했다. 1398년 제1차 왕자의 난을 통해, 요동 정벌을 주장한 정도전 등을 죽이고 집권한 이방원으로서는 정권 안정을 위해서는 명의 지원이 필요했기 때문에 주체든, 건문제든 어느 한쪽 편을 들 수가 없었다. 정권 유지를 최우선 목표로 한 태종의 조선은 보수적, 폐쇄적으로 되어갔다. 몽골제국 치하에서 여진족 위주의 가별초를 배경으로 입신한 무관 출신 태조 이성계의 개방성이 성리학을 배운 문관 출신 태종 이방원의 폐쇄성으로 대체되어 갔다. 주체의 쿠데타가 일어난 50년 뒤 조선에도 유사한 사건(계유 쿠데타)이 벌어졌다. 사신으로 옌징(베이징)을 방문한 적 있는 세조 이유는 주체의 사례를 통해 정권 찬탈 방법을 배웠을 것이다. 영락제로 등극한 주체의 후궁 가운데 하나인 한씨(韓氏)의 조카가 세조의 며느리이자 성종 이혈의 어머니 인수대비다.

중원에서 축출된 몽골의 부흥은 신속했다. 명나라의 대응
도 빨랐다. 북원(北元) 소종 아이유시리다라의 동생(또는 아
들) 천원제 토구스테무르칸 군대가 남옥(藍玉)의 명군에 대패
한 1388년 3월 후룬베이얼, 4월 카라코룸 전투 이후 쿠빌라이
의 직계 후손은 세력을 잃었다. 칭기즈칸의 막내 툴루이의 막
내 아들 아리크부카(쿠빌라이와 대칸 자리를 다투었던 인물)
의 후손 예수데르가 명군과의 전쟁에 패해 쫓기던 토구스테무
르칸과 그의 아들을 시해하고, 대칸 지위를 빼앗았다. 그로부
터 20여년 뒤인 15세기 초, 우즈베키스탄 사마르칸드를 수도
로 한 세계 최강 티무르제국의 지원을 확보한 올제이테무르칸
벤야시리(1379~1412, 순제 토곤테무르칸의 손자라는 설도
있음)는 몽골고원을 통일하고, 명나라에 도전했다. 명나라는
동몽골의 칭기즈칸 후손들을 '타타르'라고 불렀다. 영락제는
1409년 구복에게 10만 대군을 주어 벤야시리를 치게 했으나,
명나라군은 케룰렌강 전투에서 몽골군에게 전멸당하고 말았
다. 1410년 영락제는 50만 대군을 이끌고 친정하여, 동북몽골
오논강 유역에서 벤야시리를 격파했다. 벤야시리는 서몽골 오
이라트부로 도주했으나, 1412년 그곳에서 투르크계 나이만부
의 후손인 오이라트부의 수장 마흐무드에게 시해 당했다. 벤
야시리의 부장인 이란계 아수드족 출신 아룩타이는 도주했다.

영락제는 1414년에도 몽골 원정을 감행했다. 보르지긴씨 세력이 약화되자 몽골 서북부와 북신장(北新疆)을 근거로 한 삼림민족 오이라트부가 세력을 키웠다. 오이라트부 중 일부(초로스 부족)는 17~18세기 준가르라는 최후의 투르코-몽골계 유목제국의 모태가 된다.

명의 베이징 천도와 조선

명은 거대한 생산력에 기초한 조공무역의 힘으로 명 중심 동아시아 질서를 만들어 나갔다. 명은 압도적 경제력을 무기로 이웃나라들로부터 조공을 받았다. 주는 것이 받는 것에 비해 2~3배는 더 되었다. 조선과 류큐, 베트남, 몽골, 만주, 동남아, 신장 포함 중앙아시아, 그리고 인도양 연안 국가들이 조공했다. 조선과 베트남은 소중화(小中華)를 자처했다. 영락제는 1421년 수도를 난징에서 옌징으로 옮겼다. 이로써 중국은 몽골과 만주, 한반도 동향에 극히 민감하게 되었다. 연왕(燕王)으로 베이징을 다스려 본 적 있는 영락제는 몽골과 중국의 정치적 분리가 야기한 몽골 부족들의 경제난이 몽골-명나라 간 전쟁으로 이어진다는 사실을 잘 알고 있었다. 그는 몽골 원정을 통해 막남(漠南·중국)과 막북(漠北·몽골)을 다시 통일할 계획이었다. 하지만, 영락제의 시도는 끝내 성공하지 못했다. 영락제는 1424년 동몽골의 오고타이계(또는 칭기즈칸의 동생 계열인 호르친부) 아다이칸을 상대로 제5차 몽골 원정에 나섰다. 아룩타이가 아다이칸을 뒷받침했다. 영락제는 아다이칸과의 전투에서 승리하지 못하고, 회군하던 길에 네이멍구(內蒙古) 유목천에서 병사했다. 영락제의 아들 홍희제는 엄청난 인력, 물력을 쏟아 부은 여러 차례의 몽골 원정에도 불구하고 몽골 세력이 꺾이지 않자 주원장의 건국이념으로 돌아가 수축형 민족국가를 지향했다. 그는 난징 환도(還都)를 시도하기도 했다. 홍희제의 재위 기간이 매우 짧았던 까닭에 환도는 이루어지지 않았다. 홍희제를 계승한 선덕제는 주원장의 수축형 민족국가와 영락제의 확장형 세계제국 사이에서 중간을 선택했다. 환도는 중단했으나 몽골 쪽 국경수비대를 허베이성 중북부까지 후퇴시키고, 반란이 잦은 베트남은 포기하기로 했다. 선덕제가 소극적 대외정책을 취한 것이 그의 아들 영종 시대에 재앙으로 나타났다.

몽골군의 베이징 포위와 조선

유소년에 불과한 나이(9세)로 즉위한 영종은 사부(師父)이던 환관 왕진을 중용하여 2인자로 삼았다. 명에서 영종이라는 어리석고 유약한 지도자가 등장한 때 오이라트 계열 초로스 부족에는 에센(복드칸)이라는 뛰어난 인물이 나타났다. 그는 몽골을 통일하고 명나라를 압박했다. 몽골은 마시(馬市)라는 조공무역을 통해 명나라에 가축을 수출하고, 식량과 차 등을 수입하여 살아갔다. 조공무역은 경제적 약자인 몽골에게 유리하게 진행되었다. 조공무역이 재정에 과도한 부담을 주고 왕진 개인에게도 손해가 되기 시작하자 명은 몽골의 조공을 제한하려 했다. 왕진은 몽골에 혜택을 덜 준 대가를 자신이 차지했다. 에센은 1449년 랴오둥에서 간쑤에 이르기까지 몽골-명 국경 전체를 대대적으로 공격하는 것으로 대응했다. 에센이 옹립한 보르지긴씨 출신 허수아비 대칸(大汗) 톡토아부카는 별동대를 이끌고 대흥안령(大興安嶺)을 넘어 만주의 여진 부족들을 공격했다. 에센의 주력군이 베이징에서 멀지 않은 산시성 요충지 따퉁(大同)마저 공격하자 왕진의 재촉을 받은 영종은 친정(親征)을 결정했다. 오이라트 군단의 위력을 잘 알던 병부상서 광야(鄺埜)와 병부시랑 우겸 등이 친정을 만류했으나 영종의 고집을 꺾을 수 없었다. 영종은 50만 대군을 이끌고 친정하고, 동생 주기옥을 감국(監國)으로 삼아 우겸과 함께 베이징을 지키게 했다. 영종의 친정(親征)은 비극으로 끝났다. 명군 50만은 성과 없이 베이징으로 돌아오는 장거리 행군 끝에 물이 없는 베이징 교외 토목보(장자커우 근교 화이라이〈懷來〉남쪽)에서 오이라트 4만 기병에게 포위당하고 말았다. 포위된 명나라군 수십만 명이 학살당했다. 영종은 포로가 되고, 왕진과 광야, 호위대장 번충 등은 혼전 중 살해당했다. 오이라트는 곧바로 옌징을 포위했다. 오이라트는 조선(세종)에 사신을 보내 동맹을 제의했다. 우겸은 주기옥을 황제로 추대하고, 22만 병력과 각종 화기(火器)를 곳곳에 배치하여 주야 5일간의 공방전을 승리로 이끌었다. 오이라트는 명 지원군에 의해 퇴로가 끊어지는 것을 우려하여 몽골로 퇴각했다. 오이라트가 대명(對明) 동맹을 요청하고 옌징 성채를 포위하는 상황이었음에도 불구, 조선(세종)은 압록강, 두만강 건너편 어느 한 곳도 건드리지 않으려 했다. 조선은 명나라의 쇄국정책을 본받아 섬 주민들을 육지로 불러들이는 쇄환정책을 실시하고 있었다. 조선은 오이라트의 침공으로 멸망 위기에 처한 명이 조선군의 랴오둥 주둔과 함께 여진족 준동 억제를 요청한 기회마저 제대로 활용하지 못했다. 오이라트군의 압록강 도하(渡河)에 대비하여 평북 강계에 대군을 주둔시키는 정도가 고작이었다. 이에 앞서 압록강 유역 4군, 두만강 유역 6진을 개척한 것이 조선이 얻어 낸 전부였다. 6진은 윤관, 척준경이 남긴 유산이기도 하다. 오이라트가 대명(對明) 동맹을 요청해 왔을 때 조선은 이를 받아들여 조선, 명, 몽골 간 국경이 접하던 요충지 다링허(大凌河)-랴오허(遼河) 이동, 이른바 랴오둥을 점령했어야 했다. 다링허-랴오허로 국경을 삼았어야 했다. 옌징과 가까운 랴오둥 공략이 부담스러웠다면 함길도 도절제사 이징옥(李澄玉)으로 하여금 두만강 북안(北岸) 지린과 헤이룽장, 연해주를 점령하게 했어야 했다. 그래야 나중에라도 조선과 명, 일본 간 세력균형(Balance of Power)을 유지하는 것이 가능했을 것이다. 조선은 명종 시대인 1550년 투메트부 알탄칸이 이끄는 몽골 군단의 옌징 포위 시에도 사태를 관망하기만 했다. 조선은 명나라의 제후국을 자처했다. 스스로 명나라의 제후(諸侯)가 되어 명나라의 세계관을 수용하고, 명나라 중심 동아시아 질서에 순종했다. 한족의 명나라를 하늘로 생각한 조선의 소중화주의(小中華主義)와 세조, 한명회, 권람 등이 주도한 1453년 계유 쿠데타이후 되풀이 된 정변과 사화(士禍)는 조선의 왜소화를 가져왔다. 조선은 육지로나 바다로나, 바깥으로 진출하는 것을 꺼리는 극히 폐쇄적인 나라가 되었다. 성종 대 이후 김종직, 조광조, 이황, 이이, 송시열 등 명나라를 세계 유일의 문명국이자 하늘로 생각한 사림파(士林派)의 정치 참여가 확대되면서 조선의 자주성은 계속 약화되어 갔다. 이황과 이이, 송시열의 성리학은 중국 중심 세계관을 고착시키고, 인간을 혈통을 기준으로 귀족과 중인, 평민, 노예로 구분한 신분제도를 영구화하여 조선사회를 퇴보시켰다. 신사임당과 이이, 이황 등 우리 민족과 국가 융성에 기여한 것이 크지 않은 인물들이 우리가 매일 접하는 지폐를 차지하는 아이러니(irony)를 무엇으로 설명해야할까? 지폐 인물들을 광개토대왕, 을지문덕, 강한찬, 이순신, 안중근 등으로 바꾸어야 할 것이다.

한국의 기원을 찾아서

성리학, 집단광기로까지 변질되다

명에서는 무능한 정덕제, 가정제, 융경제를 거쳐 융경제의
3남 주익균이 10세 나이에 만력제로 즉위했다. 만력제 때 일본
의 조선 침공(임진왜란), 만주족의 부상(浮上) 등 동아시아 역
사를 바꾸는 일들이 잇달아 일어났다. 조선 성리학자들은 만
력제가 조선 파병을 결정, 일본군을 물리치고 조선왕조를 다
시 세우는 데 도움을 주었다(再造之恩, 再造藩邦)는 이유로 자
자손손 그를 숭앙했다. 외교정책에 그쳤어야 할 '사대(事大)'가
국가윤리로 둔갑하고, 상대방을 정치적, 물리적으로 죽이기 위
한 이데올로기로 악용되더니 마침내 조선 사대부 전체의 정신
세계를 혼란으로 몰고가는 집단광기(集團狂氣)로 까지 변질되
었다. 광해군과 인조, 효종, 현종, 숙종, 경종, 영조 시대 당파싸
움은 죽고 죽이는 처절한 권력투쟁으로 변질되었다. 사대부 성
리학자들은 파당(派黨)을 지어 상대방을 절멸시켜야만 하는 악
으로 몰아갔다. 가장 오랫동안 집권한 노론(송시열, 권상하가
대표)은 소론(윤증이 대표)과 남인(윤휴, 허목이 대표) 출신을
'사이비 학문으로 나라를 혼란에 빠지게 하는 도적이라는 뜻
의 사문난적(斯文亂賊)'으로 몰아 정·관·학계에서 완전 축출
하려 했다. 노론을 대표하는 송시열, 남인을 대표하는 윤휴(尹
鑴)의 '사사(賜死)'는 대통령의 자결, 탄핵, 투옥 등 우리 현대
사의 비극과도 겹쳐진다. 최근 횡행한 △'빨갱이' △'토착왜구'

△'짱깨주의' 논란도 이와 크게 다르지 않다. 극단의 언어들이 아무에게나 아무 상황에서나 무분별하게 사용되어 사회를 더 혼란에 빠지게 하고 있다. 1704년 송시열의 제자 권상하 등이 명 태조 주원장과 만력제, 그의 손자이자 최후 황제 숭정제 등을 숭앙하기 위해 속리산 화양계곡 화양서원 안에 세운 만동묘(명나라에 대한 충성을 뜻하게 된 만절필동에서 유래)도 그 중 하나다. 만절필동(萬折必東)은, '황허는 아무리 굽이가 많아도 반드시 동쪽으로 흘러간다.'는 뜻으로 명나라를 향한 조선의 절개와 충성심은 꺾을 수 없음을 뜻하는 말이다. 송시열을 추앙하는 '송자(宋子)사상선양사업회'가 1993년(단기 4326년) 세운 속리산 화양동사적비에는 만력제와 숭정제 등을 숭배하고, 1865년 대원군 이하응이 단행한 '만동묘 철폐'를 비난하는 내용 등이 포함되어 있다. 이와 같이 우리 사회 일각에는 18세기 초 성리학 사대부들이 가졌던 중화존숭주의가 조금도 변하지 않고 남아있다. 강대한 외국을 추종하는 사상적 흐름은 때로는 중국, 때로는 일본, 때로는 미국과 소련을 향해 표출되어 왔다. 오늘날 극소수 극우파들은 국가안보를 위해서는 미국의 한 주(州·state)가 되어야 한다고까지 주장하고 있다.

조선의 북진,
함경도 독립전쟁

조선, 북진을 시작하다

1392년 조선 건국 후 압록강, 두만강 유역 북방영토 개척이 한 걸음 더 진척되었다. 1395년(태조 4년) 여진 건주위 오도리부 족장 몽케테무르(童猛哥帖木兒)가 조선의 수도 한양을 찾아 태조 이성계를 배알(拜謁)했다. 17세기 초 후금(後金·淸)을 세우는 아이신고로 누르하치는 몽케테무르의 후손이다. 1398년 초 조선 정권 2인자 정도전은 동북면도선무순찰사(東北面都宣撫巡察使) 자격으로 함길도 일대를 순찰하고, △안변 이북에서 북청 이남까지를 영흥도 △단천 이북에서 경흥 이남 까지를 길주도로 명명(命名)했다. 조선은 두만강변 공주(孔州) 에 도호부를 설치하여 경원도호부라 하고, 경원도호부를 함길 도 경략 베이스캠프로 삼았다.

4군 개척

조선은 1401년(태종 2년) 서북면 강계만호부를 강계부로 승격시켰다. 태종 시기는 군사적 과도기였다. 사병 위주 체제 가 관군 위주 체제로 바뀌는 과도기였던 관계로 조선군은 이 시기 여진족 군대나 왜구들과의 전투에서 종종 패했다. 명나 라가 일본을 정복하려는 시도를 예방하기 위해 상왕(上王) 태 종 주도로 이종무가 지휘한 1419년 쓰시마 정벌전도 성공하 지 못했다. 1422년(세종 4년)에는 최윤덕의 건의를 받아들여 국경 군사기지 규모를 대폭 확대하고, 동북면(함경도)과 서북 면(평안도) 모든 지역을 정식 행정조직에 분속시키는 조치를 취했다. 1432년 12월 동압록강 남안(南岸) 지금의 자강도 지 역에서 쫓겨나 파저강(서압록강으로 고구려 시대 졸본천, 비 류수로 불렸던 혼강) 유역으로 이주했던 여진 건주위 부족장 이만주가 압록강 중류 여연군을 공격해 왔다. 다음해 조선 조 정은 최윤덕에게 15000여 병력을 주어 이만주 세력의 중심인 파저강 여진족을 공격하게 했다. 조선은 1433년 여연군과 강계부의 중간지점 자작리에 성을 쌓아 자성군을 설치했다. 자성군 설치로 인해 강계와 여연 간 연결선은 확보되었으나, 여진족의 침입은 계속되었다. 조선은 1437년 평안도 절제사 이천(李薉)으로 하여금 다시 파저강 여진족을 토벌하게 했다. 조선은 여진족의 침입을 물리치고, 1440년 무창현을 신설하였으며, 1442년 무창군으로 승격시켰다. 1441년 여연군과 자성군 중간 지점에 우예군을 설치했다. 그리고 여연군, 자성군, 무창군, 우예군 등 4군을 강계부에 소속시켰다. 하지만, 4군과 개마고원의 갑산군 사이 압록강 상류 지역은 방어시설이 제대로 갖추어지지 않아 여진족의 침공이 계속되었다. 조선은 1441년 무창과 갑산 중간지점에 삼수보를 설치했다. 조선은 삼수보를 삼수군으로 승격시켜 무창-갑산 간 연결선을 확보함으로써 압록강 본류인 동압록강 남안 전역을 확보할 수 있었다.

6진 개척

조선은 두만강 유역에서도 공세적으로 나가 1432년 경원도호부 서쪽, 여진족의 통로였던 석막(石幕)에 새로 영북진을 설치했다. 두만강 유역 개척 의지를 명확히 한 것이다. 1년 뒤인 1433년부터 4군 6진 개척이 본격 시작되었다. 1433년 두만강 유역 와무허 지역(회령) 여진 오도리족이 우디거족의 기습을 받아 족장 몽케테무르 부자가 살해되고, 부락민들은 두만강 너머로 도망치는 사건이 발생했다. 두만강 유역에 혼란이 발생하자 조선은 김종서를 함길도 도절제사에 임명, 본격적으로 6진 개척을 시작했다. 조선은 고려의 북방개척 사례를 참고했다. 세종(재위 1418~1450)은 1107년 고려 윤관, 척준경 등의 여진 정벌 시 공험진(헤이룽장성 남단)에 세웠던 '고려지경(高麗之境)'이라고 쓴 비석을 찾게 했다. 조선은 고려가 산맥을 방어선으로 삼았던 까닭에 북방영토 개척에 실패했던 점을 감안, 동·서 압록강과 쑹화강(松花江) 상류인 투먼장(도문강), 두만강 포함 자연하천을 방어선으로 삼는다는 정책을 취했다. 조선이 동·서 압록강, 투먼장, 두만강 유역을 개척하는 과정에서 동아시아 패권국 명나라의 눈치를 보았음은 물론이다. 세종은 명나라의 의심을 사지 않기 위해 궁녀와 환관, 1만 마리의 말을 명나라에 바치기까지 했다. 조선은 1434년 석막에 있던 영북진을 백안수소로 이동시키고, 부거에 있던 경원부를 공주 근처 회질가(會叱家)로 이동시킨 후 그 자리에 부거현(富居縣)을 설치했다. 또한 요충지 와무허에 새로 진을 설치하고 이를 회령진이라 했으며, 그해 가을 회령도호부로 승격시켰다. 조선은 1435년 영북진에 종성군을 설치했다. 또한, 경원부의 옛 치소(治所) 공주를 경원부에서 분리, 공성현을 설치하고 1437년 경흥군으로 개칭했다. 조선은 1440년 종성군 치소가 두만강에서 멀리 떨어져 있어 여진족 침입을 감시하기 어렵다는 이유로 치소를 백안수소에서 두만강가 수주로 이동시켰다. 또한 경원과 종성 사이 다온평(多溫平)에 온성군을 설치했으며, 1441년 종성군과 온성군 모두를 도호부로 승격시켰다. 1443년 경흥군을 경흥도호부로 승격시키고, 회령부터 경흥에 이르는 여진족 방어용 장성을 완공했다. 조선은 1449년 부거현을 폐지하고, 부거 백성들을 석막으로 이주시킨 후 석막의 경원부 옛터를 중심으로 부령도호부를 설치하여 부령, 회령, 종성, 온성, 경원, 경흥으로 이어지는 6진 설치를 마무리했다. 세종의 4군 6진 개척은 한글 창제에 버금가는 민족사의 큰 업적이었다. 다만, 세종 재위기와 이후 당시 동아시아 패권국 명나라가 몽골 오이라트부와 투메트부의 침공으로 수도 베이징이 2차례나 포위당하는 천재일우의 기회를 놓치고, 명나라의 영향력이 약했던 지린성과 헤이룽장성, 연해주 일대로 지속 북진하지 않은 것은 두고두고 애석한 일이다.

이징옥, 봉기하다

이징옥(李澄玉·1399~1453)은 김종서와 함께 6진 개척과 함길도 지역 국경 방어에 큰 공을 세운 용장이다. 이징옥은 고려시대 척준경과 더불어 우리 역사상 2대 무신(武神)으로 불린다. 이징옥은 1433년 이후 20여 년간 함길도 방어를 담당했다. 하지만, 1453년 10월 10일 세종의 차남 수양대군 이유 일파가 자행한 '계유 쿠데타'는 함길도는 물론, 이징옥의 인생도 소용돌이로 몰아넣었다. 이유는 쿠데타 성공 바로 다음날인 10월 11일 김종서 일당이라고 본 함길도 도절제사 이징옥을 경상도 평해로 유배하라는 명령을 내리고, 박호문을 후임으로 임명했다. 이징옥은 박호문에게 군사지휘권을 의미하는 병부(兵符)를 넘겨주고, 길주에 있던 도절제사영을 떠나 한양으로 향했다. 이징옥은 한양으로 가던 도중 김종서가 피살당하고, 이유 일파가 자신을 해치려 한다는 것을 알고는 길주로 되돌아가 박호문을 살해했다. 그리고 부장 이행검과 함께 도절제사영 병력을 이끌고 종성으로 가 길주와 종성 병사들을 동원하여 진영을 갖추었다. 이징옥은 함길도 각 병영에 봉기를 촉구하는 통문을 보내는 한편 여진족에게도 지원을 요청했다. 하지만, 이유 일당에 의해 역적으로 몰린 이징옥은 휘하 병력을 완전히 장악할 수 없었다. 이행검 등 오래된 부하조차 믿을 수 없었던 이징옥은 잠조차 제대로 자지 않는 등 매우 조심스레 행동했다. 하지만, 이징옥은 두만강변 종성에서 종성절제사 정종과 이행검의 기습 공격으로 살해되고 말았다. 『조선왕조실록』은 이 때 이징옥이 대금(大金) 황제를 참칭했다고 되어 있으나, 『조선왕조실록』 기록은 이유 일파에 의해 심하게 왜곡된 까닭에 사실 여부를 단정하기 어렵다. 이징옥은 반란이 아니라, 이유의 조카 단종의 복권을 목적으로 했던 듯하다.

이시애의 난

이유는 1455년 조카 단종을 몰아내고 왕으로 등극했다. 이유(세조)는 중앙집권을 강화하고자 함길도(함경도) 현지 출신 수령을 조정 파견 관리로 대체하고, 호패법을 강화하여 함길도민이 자유롭게 이주하지 못하도록 했다. 이시애 등 함길도 호족들은 함길도의 자치를 바랐다. 함길도민의 불만이 높아갔다. 1467년(세조 13년) 마침내 이시애가 선동한 함길도 반란이 일어났다. 이시애의 조부 이원경은 이오로테무르라고 불리던 몽골제국 고위관리였다. 그는 고려 말인 1370년 파저강 유역 오녀산성에서 요동 원정을 나온 이성계에게 항복했으며, 조선 건국 후에는 삭방도(함남, 강원 지역) 첨절제사를 역임했다. 이시애는 경흥진 병마절도사, 판회령부사 등을 지냈다. 1467년 5월, 모친상을 당하여 고향 길주에 머무르던 이시애는 아우 이시합, 사위 이명효 등과 모의, 단종 폐위를 반역으로 규정하고, 함길도 토호들을 선동하여 반란을 일으켰다. 반란군은 함길도 도절제사 강효문을 죽이고, 수부(首府) 도시 길주를 점령했다. 세조는 조카 이준을 함길·평안·황해·강원 4도 도총사에 임명, 30000여 병력을 주어 함길도로 파견했다. 사령관 이준은 25세로 문과에 급제한지 1년밖에 안 되었으며, 선전관 남이(南怡) 역시 무과 급제 7년차로 20대에 불과했다. 부사령관 강순은 외척으로 77세였다. 관군은 총통과

화차(전차) 등 신무기로 무장했다. 그럼에도 불구하고, 토벌전은 처음에는 여의치 않았다. 이시애가 화포로 무장했으며, 여진족과의 전투 경험도 풍부한 정예부대 익속군을 손에 넣었기 때문이었다. 이시애군은 반란 초기 연승하여 관군을 강원도 철원까지 밀어붙였다. 철원에서 서울까지는 약 100㎞에 불과하다. 다급해진 조정은 증원군을 파견했다. 강순에게 평안도 병력 3000명을 주어 영흥으로 파견했다. 좌대장 어유소에게는 중앙군 1000명을 주어 이준을 돕게 했다. 병조참판 박중선이 이끄는 황해도 병력 1000명도 증파되었다. 함길도 절도사 허종도 참전했다. 증강된 이준 부대는 비로소 이시애군을 격파하고, (강원도) 회양으로 진격했다. 그해 6월 초 관군은 철령을 넘어 계속 진격하여 영흥을 점령했다. 이시애는 함흥, 북청을 거쳐 이원까지 퇴각했으며, 관군은 6월 20일 고전 끝에 북청에 입성했다. 이시애는 조급해졌다. 사위 이명효로 하여금 홍원, 북청, 삼수, 갑산 백성들로 새 부대를 만들게 하는 등 장기전을 계획했다. 이시애는 남으로 동해를 등지고 북으로는 높은 산을 낀 천혜의 요새 이원 만령(蔓嶺)에서 버티기로 했다. 5만 여 명의 관군이 반군을 포위했다. 처음에는 전투경험이 풍부하고, 화약무기를 다루는데 능숙했던 반군이 우세했으나, 화차와 총통을 투입한 관군이 결국 전세를 역전시켰다. 7월 31일 어유소 부대가 악전고투 끝에 만령 중봉(中峯)을 점령했다. 8월 1일 이시애는 이원에서 단천으로 다시 퇴각했다.
1467년 8월 8일 관군 부대가 마운령을 넘자 이시애는 단천에
서 저항했다. 다시 패배한 이시애는 마천령을 넘어 길주로 도
주했다. 이시애는 경성, 회령을 거쳐 두만강 건너 여진족 지역
으로 도주하려 했지만, 처조카 허유례의 속임에 넘어가 포박
당하고 관군에게 넘겨져 현장에서 처형되었다. 이시애의 난은
사실상 함경도 독립전쟁이었다. 조선 조정은 함길도를 정복
하는 방식으로 이시애의 난 평정에 성공했다. 세조는 같은 해
9월 명나라의 요구를 받아들여 강순과 남이, 어유소 등으로
하여금 이시애의 난을 진압한 군대를 이끌고 곧바로 서북진하
여, 동압록강을 건너 파저강(동가강) 여진족을 소탕하게 했다.
조선군은 이 때 파저강 여진 건주부족장 이만주 일가를 모두
살해했다. 이만주는 명나라가, 부활한 칭기즈칸 후손들과 싸
우는 틈을 노려 랴오둥(요동)을 공략하다가 명나라의 미움을
받았다. 이 때문에 이만주는 명나라의 사주를 받은 조선군의
습격을 받게 된 것이다. 세조 시대에 현 대한민국 국경의 97%
가 확정됐다.

성리학 도입과 조선 건국

와해되는 원나라

　1348년 중국 저장성 동부를 뜻하는 '절동(浙東)'의 소금상인 방국진이 반원(反元) 봉기를 일으켰다. 한족국가 남송(南宋)이 멸망한지 69년 만이었다. 1351년 황허 제방 공사에 징용된 한족 농민들이 북송 휘종의 후손을 자처한 백련교(白蓮敎) 교주 한산동의 선동으로 한족의 고향 허난(河南)에서 봉기했다. 명교(明敎)로도 불린 백련교는 허난과 안후이의 한족 농민들을 중심으로 세력을 구축했다. 백련교 봉기군은 붉은 두건을 하고

　　　　　　　　　　　한국의 기원을 찾아서

있어 홍건적(紅巾賊)으로도 불렸다. 원나라군은 백련교 농민 반란군 홍건적을 공격해 격멸했으며, 한산동을 붙잡아 처형했다. 홍건적의 봉기를 필두로 한족 농민 반란이 밀물처럼 일어났다. 1353년 곽자흥과 서수휘 등이 이끄는 백련교 홍건적과 장사성이 이끄는 농민반군이 허난, 안휘, 저장 일대에서 세력을 넓혀 나갔다. 원나라 재상(宰相) 메르키트 토크토아(脫脫)가 이끄는 몽골군은 홍건군과 장사성 등의 농민 반군에 연전연승했다. 고려 공민왕은 1354년 7월 급변하는 중원 정세를 파악하고자 류탁, 정세운, 이방실, 안우, 최영(崔瑩), 김용 등에게 2500여 정예 병력을 주어 토크토아를 지원, 장쑤성 고우(高郵)에 진치고 있던 장사성 세력을 공격하게 했다. 원나라 현지 고려인까지 가담하여 고려군은 23000명으로 늘어났다. 승전을 거듭하던 토크토아는 고려 출신 기황후의 수족 카마의 모함을 받아 재상직에서 해임되었다가 귀양길에 독살당하고 말았다. 토크토아의 해임으로 인해 원나라군의 조직력이 와해되자 한족 반군이 급격히 세력을 불려 나갔다. 한산동의 부하 유복통은 1355년 한산동의 아들 한림아를 내세워 카이펑을 중심으로 '송(宋)'을 세우고, 사방으로 세력을 확대해 나갔다. 이에 따라, 송은 원나라 조정의 목표가 되어 평민 출신의 명장 나이만 차칸테무르가 지휘하는 원군의 집중 공격을 받았다. 원나라가 쇠약해 졌다는 것을 파악한 공민왕은 같은 해인 1355년 인당과 (장쑤성 고우에서 막 돌아온) 최영 등에게 압록강 서안(西岸)에서 랴오양에 이르는 파사부(단둥 인근) 등 원나라 8개 역참(驛站)을 공격하게 했다. 1356년에는 유인우 등으로 하여금 쌍성총관부(함흥평야 일대)를 점령하게 했다. 다루가치 울루스부카(이자춘) 세력이 투항했다. 고려 영토가 크게 확장되었다.

홍건적과 나하추의 고려 침공

1356년 동파(東派) 홍건군 수령 중 하나인 곽자흥을 계승한 사위 주중팔(주원장·朱元璋)은 원군의 공격과 기근을 피해 창장(長江) 중하류 집경(난징)으로 남하했다. 장사성은 창장 하류 쑤저우(蘇州)로, 서파(西派) 홍건군 수령 서수휘는 창장 중상류 우창(武昌)으로 이동했다. 난징의 주원장은 서수휘를 대체한 우창의 진우량과 쑤저우의 장사성에게 에워싸여 불리한 처지에 놓였다. 진우량은 상관 예문준과 서수휘를 차례로 살해하고 서파 홍건군을 손아귀에 넣을 만큼 과감한 인물이었다.

1359년 백련교 '송(宋)'의 수도 카이펑이 차칸테무르군에게 점령당하자 유복통은 한림아와 함께 벽지로 도주했다. 한산동, 유복통과 같은 동파(東派) 홍건군 북부지대를 이끌던 모거경과 관선생, 사유 등은 유복통의 전략에 따라 산시 따퉁(大同)을 약탈한 후 동북진하여 원나라 여름 수도 네이멍구의 상도 개평부(돌룬 노르)를 점령했다. 원나라군이 추격해 오자 홍건군은 랴오허를 건너 고려인이 다스리던 랴오양(요동성)을 점령했다. 동파 홍건군 중 북부군이 네이멍구(내몽골)와 랴오둥을 거쳐 1359년과 1361년 2차례에 걸쳐 고려를 침공했다. 홍건군은 허베이로 되돌아가고자 했으나, 원나라군의 반격으로 탈출로가 막히는 바람에 압록강을 건너 고려를 침공한 것이다. 홍건적(홍건군)의 2차 침공 시 고려는 짧은 기간 개경을 빼앗기고, 공민왕은 안동까지 몽진해야 했다. 고려는 1362년 1월 정세운, 김득배, 안우, 이방실 등이 모집한 20만 의용병의 분전에 힘입어 겨우 개경을 탈환할 수 있었다. 몽골제국 쌍성총관부가 있던 동북면(함경도)의 원나라 군벌 출신 울루스부카(이자춘)의 아들 이원계와 이성계(1335~1408)도 여진족 위주로 구성된 가별초 2000기(騎)를 이끌고 참전하여 큰 공을 세웠다. 책략가적 기질의 공민왕은 전쟁 후 20만 대군을 거느린 정세운, 김득배, 안우, 이방실 등이 부담스러워 측근 김용을 이용하여, 상호 의심하게 만드는 계략을 써 모조리 살해했다.

1362년 2월, 홍건적에 이어 만주의 몽골세력을 대표하던 잘라이르 나하추 세력이 이전 쌍성총관이던 조소생, 탁도경의 잔당과 함께 고려의 동북면(함흥일대)을 침공해 왔다. 고려(공민왕)가 파견한 이성계가 나하추 군대를 격파하여 북쪽으로 쫓아냈다. 고려는 이때 나하추에게 최고위직인 정1품 벼슬을 제의하는 등 나하추로 대표되는 만주의 몽골세력을 흡수하기 위해 노력했다. 하지만, 나하추는 스스로의 힘으로 만주와 한반도 북부 일부를 통합하기를 원하여 고려의 제의를 거부했다. 나하추가 귀부했더라면, 고려는 만주 일대를 쉽게 차지할 수 있었을 것이다.

주원장, 중국을 통일하다

토크토아에 이어 원나라를 지탱하던 나이만 차칸테무르가 1362년 산동성 익도(광고)에서 한족 투항자 전풍에게 속아 암살되었다. 차칸테무르가 암살당한 후 중원 지역도 군벌 각축장으로 변했다. 동족이 동족을 죽이는 '동근상전(同根相煎)' 상황이 된 것이다. 주원장은 진우량과 징사성에게만 신경 쓰면 되었다. 주원장은 창장 중상류로 서진하고, 진우량은 창장 중하류로 동진하여 홍건군 출신 2개 세력권이 겹쳐졌다. 건곤일척(乾坤一擲) 대결이 눈앞에 다가왔다. 1363년 진우량은 주원장 세력의 수도 난징을 직공하는 대신 우회 전략을 택하여 파양호 남안(南岸) 요충도시 홍도(난창)를 포위했으나 점령하지 못했다. 주원장은 유기, 서달, 상우춘 등과 함께 7~8만 명의 병력을 중소형 함선에 태워 난창 구원에 나섰다. 주원장이 직접 나섰다는 소식을 접한 진우량은 대형 함선에 30만 대군을 승선시켜 파양호 입구 후커우(湖口)로 진격했다. 주원장군과 진우량군이 파양호에서 36일간이나 대규모 수전(水戰)을 벌였다. 향락에 빠진 쑤저우의 장사성은 움직일 줄 몰랐다. 주원장은 화공(火攻)에 힘입어 보급부족에 시달리던 진우량군을 대파했다. 진우량이 배를 옮겨 타다가 유시(流矢)에 맞아 죽는 바람에 전투가 끝났다. 파양호 수전 2년 뒤인 1365년 주원장은 20만 대군을 동원, 장사성의 영토를 삭감해 나갔다. 주원장군은 항저우와 우시(無錫)를 점령, 장사성의 '대주국(大周國)' 도읍 쑤저우(蘇州)를 고립시켰다. 주원장은 1367년 쑤저우마저 점령했다. 쑤저우 점령 후 서달과 상우춘 등이 지휘하는 25만 주원장군이 원나라 수도 대도(베이징)를 향해 진격했다. 명나라군이 북진해 오는데도 차칸테무르의 아들 코케테무르와 이사제 등 원나라 군벌들 간 대립이 계속되었다. 주원장은 북벌군이 대도를 향해 진격하던 1368년 1월 황제에 즉위하고 나라 이름을 명(明)이라 했다. 명나라는 창장 이남을 근거로 한 세력이 중국을 통일한 전무후무(前無後無)한 사례다. 중화인민 공화국은 강남(장시성, 후난성)에서 시작하기는 했지만, 북중국 싼시성과 함께 만주를 근거로 중국을 통일했다.

고려, 랴오허 유역을 점령하다

명군(明軍)이 대도로 진격해 오는 상황에서도 우유부단한 황제 토곤테무르(순제)와 황태자 아이유시리다라(1338~1378) 간 권력투쟁은 계속되었다. 순제는 황자 시절 짧은 기간 고려 서해 대청도에 유배된 적이 있으며, 고려 출신 기씨(奇氏, 울제이쿠툭)를 황후로 맞이하는 등 고려와 깊은 인연을 갖고 있었다. 순제 시기 원나라 조정은 몽골지상주의자 메르키트 바얀과 그의 조카 한화파(漢化派) 메르키트 토크토아 간 대립에다가 나중에는 황제파 베이르테무르와 황태자파 코케테무르 간 대립도 격화되어 온갖 난맥상을 다 연출했다. 기황후가 여기에 기름을 부었다. 세조 쿠빌라이 이래 일본, 베트남, 참파(베트남 중남부), 자바 등으로 원정이 계속되어 재정도 붕괴된 지 오래였다. 명군은 1368년 8월 대도를 점령했다. 무혈로 대도를 내어준 토곤테무르는 네이멍구로 도주, 1370년 네이멍구 응창부(타알 호수 인근)에서 병사했다. 하지만 기황후의 아들 보르지긴 아이유시리다라는 외몽골까지 도피하는 데 성공하여 원을 이어갔다(北元). 아이유시리다라는 흉노와 선비 이래 유목민족의 요람인 오르콘 하반(河畔) 외트켄 지역에 자리한 카라코룸(하르허링)으로 환도하고, 황제(소종)로 즉위했다. 공민왕은 명나라 수도 난징으로 사신을 보내는 등 대륙정세 변화를 면밀하게 관찰했다. 명나라 건국 2년 뒤인 1370년 1월 공민왕의 명을 받은 이성계 등이 14000여 병력을 이끌고 동북면(함경도 지역)을 출발, 평북 강계를 지나 동압록강과 서압록강(파저강)을 도하하여, 홀승골성(오녀산성)을 점령했다. 평안도 출신 오녀산성 성주 이오로테무르(이원경)가 항복해 왔

한국의 기원을 찾아서

다. 서압록강 일대가 고려 수중으로 들어왔다. 그해 10월 공민왕은 지용수, 이성계, 임견미 등으로 하여금 15000여 명 대군을 이끌고 혼란에 처한 북원(北元) 동녕부의 중심도시 랴오양(요동성)을 공격하게 했다. 고려군은 그해 11월 랴오양을 점령하는데 성공했으나, 병사들이 실수로 군량 창고를 태워 군량 부족으로 인해 후퇴할 수밖에 없었다. 나하추가 이끄는 테무게 울루스(왕국)의 몽골군이 추격해 왔다. 고려군은 몽골군의 추격을 뿌리치면서 압록강을 건넜다. 북원 소종은 1372년 코케테무르로 하여금 추격해 온 서달의 15만 대군을 고비사막 전투에서 대파하고, 산시(山西) 북부까지 회복케 했다. 자신감을 되찾은 소종은 1373년 2월 공민왕(바얀테무르)에게 사신을 보내어 칭기즈칸, 쿠빌라이칸의 같은 자손으로서 함께 명에 맞설 것을 제의했다.

몽골 세력 배경의 이성계

이성계의 고조부 이안사는 만주 일대를 지배하던 몽골제국 테무게 울루스(왕국)의 다루가치(고위 행정관 겸 군관)와 밍간(千戶長)을 역임하면서 두만강 유역 간도 옌지(延吉) 일대에서 실력을 길렀다. '무신란' 주역인 이의방의 동생 이린의 손자라고 하는 이안사는 1255년 원나라의 제후국 중 하나인 테무게 왕국 2대 칸(汗) 타가차르로부터 다루가치 겸 밍간에 임명되어 옌지 일대를 지배했다. 이린과 이안사 간 혈연관계는 증명되지 않는다. 이안사가 이린의 손자라는 주장은 네이멍구 무천진 선비족 보륙여씨(대야씨) 출신 수(당)나라 황족이 피지배한족(漢族) 통치를 위한 정통성 확보를 위해 홍농 양씨(농서 이씨)의 후손이라고 주장한 것과 유사해 보인다. 이안사의 아들 이행리는 1290년 옌지의 세력기반을 상실하고, 처음에는 안변, 나중에는 쌍성총관부의 중심도시 함주(함흥)로 이주했다. 이행리는 1300년경 원나라로부터 다루가치에 임명됐다. 이행리의 아들이 바얀테무르라는 몽골식 이름을 가진 이춘이다. 이춘의 아들이, 원나라의 몰락이 확실해보이던 1356년(공민왕 5년) 유인우 등의 쌍성총관부 공격 시 고려에 투항한 울루스부카 이자춘이다. 쌍성총관부는 몽골제국의 일부였고, 주민들은 여진족과 몽골인, 고려인이었으며, 이성계 군단의 주축도 여진족과 고려인이었다. 원나라 말기인 1364년, 칭기즈칸이 가장 아낀 8명의 부하, 즉 '사준사구(四駿四拘)' 중 하나인 잘라이르 무칼리의 후손으로 만주의 몽골 세력을 대표하던 나하추의 지원으로 화주(영흥)를 침공했던 여진족 족장 삼선·삼개 형제는 이성계의 고종사촌이다. 울루스부카 이자춘을 승계한 이성계는 1388년 위화도 회군에 이르기까지 30여 년을 전쟁터에서 보냈지만 단 한 번도 패하지 않은 명장이었다. 이성계 군단은 평지전과 산악진, 수전 모두에 능숙했다. 사냥과 어

한국의 기원을 찾아서

로에 모두 능숙한 여진족 위주로 구성되고, 몽골식 훈련을 받은 이성계 군단은 여타 고려 군단에 비해 강력한 전투력을 발휘했다. 이성계는 백전백승의 빛나는 군사 실적을 기반으로 고려의 최고 실력자로 우뚝 섰다.

성리학이 고려에 들어오다

이민족 금(여진족)과 서하(탕구트족), 대리(백족)에 눌려있던 남송(南宋)의 주희(1130~1200)가 완성한 성리학(性理學)은 우주가 기(氣)라는 물질로 구성되었다고 본다. 주희는 인간 본성은 본디 맑지만(성선설) 끝없는 욕망으로 인해 뒤틀려 있으므로 학문을 통해 인간의 본성, 즉 '리(理)'를 제대로 규명, 도야(陶冶)해야 한다고 주장했다. 성리학(주자학)은 선불교(禪佛教) 영향을 받았다고 볼 수 있다. 성리학은 한족(漢族)을 제외한 이민족 '오랑캐'는 멸시받아 마땅한 비문명적 존재(짐승)로 여겼다. 주희는 여진족이 세운 금나라를 우주질서를 어지럽히는 존재라고 보았다. 몽골 또한 예(禮)와는 거리가 먼 오랑캐이므로 대화 상대가 될 수 없었다. 소식과 정이(程頤) 형제, 주희 포함 한족 사대부들의 눈에는 고려나 조선할 것 없이 오랑캐 맥적(貊狄)이었다. 성리학은 한족 중심 '화이론(華夷論)'의 기초가 되었다. 앞에서도 말했듯이 성리학은 한족(북송·남송)이 여진족 등 이민족의 침략에 시달려 위축되었을 때 나타난 보수적·폐쇄적 철학체계이다. 고려 말 왕(왕세자)을 수행하여, 몽골제국 수도 대도(베이징)에 체류했던 안향과 백이정 등이 성리학을 받아들여 정몽주와 정도전 등 신진사대부가 통치이념으로 발전시키면서 고려가(조선이) '한족의 중국에 이은 제2의 문명국'이라는 소중화주의(小中華主義)가 심화되었다. 정몽주와 정도전을 포함한 신진사대부들은 고려의 정치·사회 시스템을 혁파하기 위해 성리학을 이용했다. 강경파 정도전과 조준 등 성리학 신진사대부 다수가 군벌 이성계와 손잡고 새 왕조 창건에 나섰다. 온건파 정몽주는 왕조 교체에는 반대했다. 정권을 획득한 신진사대부들은 소중화주의의 관점에서 조선을 오랑캐 몽골, 여진, 왜 등과는 다른, 즉 한족의 명(明)과 비슷한 나라로 만들기 위한 노력을 계속했다. '화이론(華夷論)'과 '소중화주의'는 조선 중기이후 교조화, 종교화되었다. 중화 숭앙을 고수한 성리학자들의 숭앙대상은 명(明)에서 19세기 말 이후 개화에 성공한 일본으로 바뀌었다. 1945년 광복 후 숭앙 대상은 한국에서는 미국 등 서구, 북한에서는 공산주의 종주국 소련으로 바뀌었다.

동북아 정세 변화와 조선 건국

잘라이르 나하추는 1375년 랴오둥반도 남부를 공격하다가 명나라군에게 크게 패했다. 나하추는 1387년 풍승과 부우덕,

남옥(藍玉)이 이끄는 20만 명군이 근거지 금산(랴오닝성 선양 일대)을 압박해 오자 명나라에 항복했다. 나하추의 투항은 몽골에 고립된 북원에게는 재앙으로 다가왔다. 주원장은 1388년 3월 남옥에게 10만 대군을 주어 북원을 공격하게 했다. 남옥은 소종 아이유시리다라의 동생(또는 아들) 천원제(애제·哀帝) 토구스테무르칸의 북원군을 네이멍구 후룬베이얼 전투에서 대파하고, 그해 4월 북원 수도 카라코룸을 점령했다. 고려의 권문세가 기득권 세력은 비빌 언덕을 잃어 버렸다. 그 전쟁 직전인 1387년 12월 명나라는 고려 조정에 사신을 보내, 랴오양과 선양 등 랴오둥 지역에 대해 일체의 영토적 주장을 하지 말 것(철령위 설치 통보)을 요구했다. 명나라가 철령위(鐵嶺衛)를 설치하겠다고 한 데에는 ①공민왕 재위기 고려가 고려인들이 대규모로 거주하던 랴오허 유역과 서압록강(파저강) 유역을 경략한데 대한 견제, ②북원과의 전쟁을 목전에 둔 명나라가 북원과 고려 간 연계를 사전 차단하려는 등의 목적이 있었던 것으로 보인다. 다수 사학자들은 여전히 '철령위'의 '철령'이 일제강점기 일본인과 조선인 어용사학자들이 주장한 '강원도와 함경도의 경계를 이루는 해발 685m의 철령'이라고 주장하지만, ①『명사 지리지(요동지)』 기록은 물론 ②당시 고려가 랴오둥 일부 지역에 영향력을 행사하고 있었던 점, ③명나라와 북원, 고려가 대립하던 당시 동북아 정세, ④만약 철령위의

'철령'이 강원도-함경도 경계의 철령이었다면 당시 고려 조정에 출사하고 있던 이성계의 근거지 함흥 일대(동북면)가 모조리 명나라 영토가 되기 때문에 이성계가 가장 먼저 철령위 설치를 반대했을 것이며, 이에 따라 위화도 회군도 감행했을 리가 없다는 점, ⑤명나라가 1388년 3월 랴오닝성 번시(本溪)에 최초로 철령위를 공식 설치했다가 5년 뒤인 1393년 선양 인근 테링(鐵嶺)으로 이전·설치했다는 점 등으로 미루어 볼때 철령위의 철령이 강원도 철령이라는 주장은 전혀 타당성이 없다할 것이다. 복기대 인하대 교수 등은 중국측 사료를 근거로 철령이 테링시(鐵嶺市) 일대임을 주장한다. 1388년 2월 명나라에 사신으로 갔던 신장 코초(투르판) 위구르족 출신 설장수(偰長壽)가 돌아와 명의 철령위 설치 의사를 다시 확인해 주었다. 설장수 일가는 위구르족의 원고향인 몽골 셀렝가강(설련하·偰輦河)의 '셀'에서 성씨 '설(偰)'을 따왔다. 투르크계와 몽골계 민족들의 젖줄 중의 하나인 셀렝가강은 몽골고원을 적시고, 바이칼호로 흘러들어가는 길이 1000km의 강이다. 명의 철령위 설치 의사를 재확인한 고려는 우왕(禑王)과 최영으로 대표되는 대명(對明) 강경파와 이성계, 조민수, 정몽주 등으로 대표되는 온건파로 분열됐다. 1388년 (음력) 5월 이성계와 조민수 등은 우왕의 명령에 따라 랴오둥 공격을 위해 5만 명의 군사를 이끌고 랴오둥으로 출격했다. 우왕과 최영이 이성계로 하여금 랴오둥을

한국의 기원을 찾아서

정복하도록 한 것은 여진족과 몽골 기병 위주의 이성계 집안의 강력한 군사력(가별초)을 소진시키기 위한 목적도 있었다.

위화도는 어디인가?

고려군 주력이 북상한 틈을 노려 왜구가 다시 중남부 지방을 침공해 왔다. 패전 가능성과 함께 세력기반(사병 집단) 상실을 우려한 이성계는 왕명을 거역하고, 그해 (음력) 6월 서압록강(혼강: 비류수, 파저강, 동가강) 중하류의 위화도(압록강 위화도에서 동북 만주 방향으로 30km)에서 회군했다. '이소사대(以小事大)'를 주창한 이성계의 위화도 회군으로 인해 조선의 명나라 사대(事大)가 결정되었다. 이성계는 개경으로 남하, 군사력을 동원하여 우왕과 최영 등 대명(對明) 강경파를 숙청했다. 1388년 11월 테무게 왕가의 마지막 칸 아자스리도 명에 투항했다. 군벌 대표 이성계는 신흥사대부 대표 정도전, 조준 등과 함께 등 조선 개국의 정치·경제적 기초를 구축해 나갔다. 이성계는 위화도 회군 4년 뒤인 1392년 조선을 건국했다. 조선은 명과 함께 몽골제국의 잔해를 자양분으로 태어난 동아시아 국가 중 하나다(윤은숙 강원대 교수). 조선 건국은 고려의 부패한 친원(親元) 기득권 세력을 밀어냈다는 의미와 함께 성리학이라는 한족 문명을 절대시하는 나약하고 폐쇄된 나라로 가는 출발점이었다.

몽골 울루스(제국)의 일부가 된 고려

칭기즈칸, 몽골을 통일하다

남시베리아의 투르크계 삼림민족 키르키즈족(Kyrgyz)이 9세기 몽골고원으로 남하했다. 키르키즈족에게 패한 위구르와 카를룩 등의 부족은 대부분 몽골고원을 떠나 신장(新疆) 포함 서역으로 이주했다. 키르키즈족도 몽골고원에 정착하지 못하고, 10세기 초 거란군에게 쫓겨 예니세이강 상류 원주지로 되돌아갔다. 투르크계가 서천(西遷)한 후 북만주의 실위몽올(室韋蒙兀)이 대흥안령(大興安嶺)을 넘어 몽골고원 전역으로 퍼져 나갔다. 몽골제국을 세우는 칭기즈칸(테무친)은 동북몽골 오논강 유역 카마그 몽골 보르지긴씨족 출신이다. 칭기즈칸의 외가, 처가 모두 내몽골(네이멍구) 후룬베이얼(Hulunbuir) 초원을 근거로 한 투르크계 혼혈 옹(콩)기라트부이다. 후룬베이얼 초원은 일찍이 알선동 동굴을 나온 탁발선비가 남천하기 전 머물렀던 곳으로 목초(牧草)가 풍부한 지역이다. 몽골고원은 한랭·건조하여 생산성이 매우 낮다. 한반도 면적의 약 15배에 달하는 몽골고원 전체가 부양할 수 있는 인구는 칭기즈칸 당시 120여 만 명에 불과했다. 이에 따라, 칭기즈칸이 거느린 병사 수도 10만 명을 넘지 못했다. 몽골고원 주민들은 한발과 대규모 가축 전염병 등으로 인한 기근 발생 시 식량 포함 생필품을 농경지대로부터 약탈할 수밖에 없었다. 당시 동아시아 패권국 여진족의 금(金·Amban Altʃun Gurun)은 피지배 거란족으로 하여금 몽골을 방어하게 하는 이이제이(以夷制夷) 정책을 취했다. 그리고 몽골 부족들이 통합을 못하게 여러 가지 분열책을 사용했다. 칭기즈칸은 금이 쳐놓은 「분열을 통한 통제」라는 그물을 벗어던지고, 1206년 메르키트와 타타르, 케레이트, 나이만 등 몽골고원의 몽골-투르크계 부족들을 통일했다. 칭기즈칸은 피정복 부족들을 해체·재편하고, 행정과 군사조직을 겸하는 십호·백호·천호·만호제를 정교하게 만들었다. 몽골은 1205년, 1206년, 1209년 3차례에 걸쳐 오르도스(싼시성 북부 황허가 크게 원을 그리는 만리장성 북쪽)의 흥경(銀川)을 수도로 한 티베트계 탕구트족의 서하(西夏)를 공격했다. 탕구트족이 세운 서하의 역사는 중국사가 아니라 티베트사에 포함시키는 것이 맞다. 칭기즈칸의 몽골은 '오아시스의 지식인'이라고 불린 신장의 코초(高昌·투르판) 출신 위구르인들을 등용하고, 위구르 문자도 채용했다. 몽골고원에서 출발하여 중국과 만주, 신장, 티베트, 중앙아, 중동, 동유럽으로 뻗어나간 원(元) 포함 몽골제국 역사를 (중국사가 아니라) 몽골사에 포함시키는 것은 너무도 당연하다.

몽골의 팽창과 고려

몽골은 1211년부터 여진족의 금나라도 공격하기 시작했다. 베이징을 둘러싼 허베이가 주요 공격 루트였다. 1211년 8월 칭기즈칸이 지휘한 10만 여명의 몽골군은 베이징의 북쪽 관문인 거용관의 외곽 오사보(烏沙堡)와 야호령(野狐嶺) 전투에서 40만 여 금(金) 정예군을 대파했으며, 거용관을 넘어 수도 옌징(베이징)을 포위했다. 1214년 금나라로부터 조공을 받고 물러났던 몽골은 금이 수도를 황허 남안(南岸) 카이펑으로 옮기자 다시 금을 공격, 1215년 옌징을 점령했다. 몽골이 금을 공격하기 시작하자 금의 피지배 민족이던 거란족이 봉기, 1212년 황족출신 야율유가의 지휘 아래 랴오둥(遼東)에 '동요(東遼)'

한국의 기원을 찾아서

를 세웠다. 금이 완안호사와 포선 만노가 이끄는 대규모 토
벌군을 보내자 동요는 언어와 습속이 유사한 몽골에 투항하
여, 금에 대항하기로 했다. 몽골 기병의 지원을 받은 동요군은
2차례에 걸쳐 금군을 대파했다. 야율유가의 동생 야율시불
등 일부 거란 유민들은 동요의 몽골 투항에 반대, 몽골이 파
견한 다루가치(몽골 고위 군관)를 살해하고 후요(後遼·대요수
국)로 떨어져 나갔다. △몽골과 △동요 △금나라에 반기를 든
포선만노가 두만강 유역을 중심으로 세운 동진(東眞) 등에게
3면 공격받아 오갈 데 없어진 후요 유민 약 9만 명은 살길을
찾아 1216년 8월과 12월 압록강을 건너 고려를 침공했다. 집
권자 최충헌의 견제 등으로 인해 고려 지휘관들이 군대를 효
과적으로 지휘하지 못한 까닭에 중반이후 여러 전투에서 고려
군이 패했다. 평안도와 황해도 지역은 물론, 개경과 철원, 춘
천, 횡성, 원주, 평창, 강릉, 제천, 충주, 안변 등에서도 전투가
벌어졌다. 원주에서는 무려 9차례나 전투가 벌어졌다. 원주의
산성이 함락되어 큰 피해를 입었다. 강원도와 함께 충북 지역
도 특히 큰 피해를 입었다. 발붙일 데가 없어 결사적이 된 후요
유민(流民) 세력은 한때 수도 개경마저 위협(개경의 나성까지
육박)했다. 고려군의 반격에 밀려난 후요 세력은 1218년 가을
평양 동쪽 강동성에서 △고려군과 △몽골군 △동진군에게 포
위당했다. 1219년 1월 마지막 수령 야율함사가 자결하는 처

절한 전투 끝에 거란 유민 4~5만 명이 생포됐다. 고려군 지휘자는 조충과 김취려, 몽골군 지휘자는 카치운(哈眞)과 살레타이, 동진군 지휘자는 완안자연이었다. 생포된 거란인 중 718명이 제천, 원주, 충주 등으로 집단 이주되었다. 고려는 이전 여러 전투에서 생포한 거란족 여성과 아동, 노약자들을 여러 곳에 분산, 배치해 두고 있었다. 제천 박달재 근처에 거란족 집단촌 거란장(契丹場) 흔적이 남아 있다.

몽골의 고려 침공

칭기즈칸의 명령으로 1217년 옌징(베이징)에 막부(幕府)를 개설한 잘라이르부 출신 무칼리가 지휘한 몽골군은 허베이, 산둥, 산시 등 화베이(華北) 각지를 공략했다. 1220년 시작된 이란~투르코계 호라즘제국(Khwarezmian Empire)을 포함한 중앙아시아 정복 전쟁을 마치고 돌아온 칭기즈칸의 몽골군 본대는 1227년 서하(西夏)를 멸망시키고, 주민들을 도륙했다. 서하인들은 주요 군사요새 중 하나였던 네이멍구 카라호토(흑수성)에서 명맥을 유지하다가 소빙기에 접어들어 물이 부족해진 1372년 풍승이 지휘한 명나라군에게 멸망당한다. 한편, 1229년 칭기즈칸을 계승한 오고타이(우구데이)칸은 1225년 고려에 보냈던 몽골 사신이 국경 근처에서 피살된 것을 핑계로 1231년 (고종 18년) 잘라이르부 출신 살레타이(撒禮塔)에게 고려 침공을 명령했다. 오고타이는 금나라를 공격하기 위해서는 먼저 배후의 고려를 굴복시켜야 한다고 판단했다. 오고타이는 살레타이에게 3만 대군을 주어 고려를 침공하게 했다. 몽골군은 그해 8월 압록강을 넘어 의주, 철주 등을 단숨에 함락시키고 남진했다. 고려군은 자주(평남 순천)와 동선역(황해도 봉산)에서 승리를 거두었지만, 안북성(평남 안주) 전투에서 패착을 두어 전황이 급속히 불리해졌다. (평북) 귀주 지역을 수비하던 박서, 김경손 등의 활약으로 1만 명의 몽골군을 귀주에 묶어두는 승리를 거두었지만 대세에는 크게 영향을 미치지 못했다. 몽골군이 개경을 포위하자 고종은 살레타이가 보낸 권항사(勸降使)를 접견했으며, 회안군 왕정을 몽골군 진영에 보내어 강화를 맺었다. 이로써 제1차 침입은 종료되었다. 살레타이는 1232년 2차 고려 침공 시 용인 처인성 전투에서 김윤후에게 사살됐다. 몽골은 40여 년 간 총 9차례나 고려를 침공했다. 고려의 최씨(최충헌-최우-최항-최의) 무인정권은 1232년 7월 강화도로 천도하여, 몽골에 저항했다. 고려 육지 영토는 몽골군에 짓밟혀 아수라장으로 변했다. 고려는 최씨에서 김씨(김준)-임씨(임연-임유무)로 이어진 무인정권을 중심으로 처절했던 대몽(對蒙) 항쟁 끝에 1270년(원종 11년) 11월 결국 몽골에 항복해 칭기즈칸의 손자 쿠빌라이가 세운 원제국(元帝國)에 제후국으로 복속됐다. 고려는 몽골에 복속되었지 중국에 복속당한 것이 결코 아니다. 몽골군이 압록강 유역부터 안동, 광주(光州), 창원(마산), 제주까지 고려 전역에 주둔했다. 몽골군 주둔지였던 안동에서는 몽골식 증류 소주(안동소주)가 탄생했다. 원은 고려 영토 내에 직접 통치기관인 쌍성총관부(함흥 일대), 동녕부(평안도 일대, 나중 랴오허 유역 랴오양으로 이동), 탐라총관부(제주도)도 설치했다. 탐라는 몽골제국을 위한 목마장으로, 그리고 일본 정벌을 위한 군선 건조지로도 이용되었다. 몽골은 고려를 압박하여 1274년과 1281년 두 차례의 일본 원정에 동참하게 했다. 몽골은 지원 기관으로 정동행성을 설치하고, 관리도 파견했다. 고려는 1800척의 함선 등 군수물자를 지원하고, 1차 15000명, 2차 27000명 병력도 제공해야 했다.

칭기즈칸의 피를 받은 고려왕

몽골 지배기 고려의 왕(외왕내제: 몽골 침공 전 고려는 대내적으로는 황제 호칭)은 원 황제의 제후왕(諸侯王)으로 격이 낮아졌다. 고려왕은 제후왕으로 전락, 사후(死後)에 '조(祖)' 또는 '종(宗)'을 붙여서 시호(諡號)를 지을 수 없었다. 원나라에 충성한다는 뜻으로 '충렬왕' '충선왕' '충혜왕'처럼 왕호에 '충(忠)'을 붙였다. 고려왕은 원나라 공주를 정비(正妃)로 맞이했으며, 원칙적으로 정비에게서 난 아들을 왕세자로 임명해야 했다. 칭기즈칸의 후손들과 혼혈된 고려왕들은 왕세자 시절 원나라 수도 대도(베이징)에 인질로 머물다가 즉위했다. 고려왕들은 몽골식 이름을 갖고, 몽골식 변발에다 주로 몽골어를 사용했다. 고려 왕실은 몽골 울루스(제국)의 일원이 되었다. 충선왕(이지리부카, 1/4 고려인) 등은 몽골 황실 내 권력투쟁에도 가담했다. 고려는 9차례 40여 년 간의 몽골 침공에도 불구하고, 처절할 정도로 강력하게 저항함으로써 민족 정체성만은 지켜낼 수 있었다. 몽골은 황자였던 쿠빌라이가 1259년 후베이(湖北) 샹양(襄陽)에서 접견한 고려 태자 왕식(원종)에게 약속한대로 기존 제도와 습속을 바꾸지 않겠다는 뜻의 '불개토풍(不改土風)'이라 하여 고려 왕조를 유지시키는 한편, 고려의 습속은 대체로 건드리지 않았다. 원 세조 쿠빌라이는 만주 지역을 영지(領地)로 받은 동방 3왕가(칭기즈칸의 동생 카사르·카치운·테무게 옷치긴 왕가, 테무게 왕가가 가장 강력)를 견제하고자 부마국 고려를 이용했다. 원나라는 남만주를 관할하는 심양왕(瀋陽王)에 고려 왕족을 임명했다. 고려 왕족을 만주 중남부를 다스리는 심양왕으로 임명한 데는 그 지역 주민의 절반 이상을 차지한 고려인 통제에 편리했을 뿐만 아니라, 만주의 지배자인 테무게 왕가의 고려 방면 세력확장을 견제하려는 목적도 있었다(윤은숙 강원대 교수). 이는 선양과 랴오양 등 랴오허 유역이 당시 고려의 정치·사회적 영향권 내에 있었다는 증거가 된다.

동아시아의 균형자(Balancer), 고려

다극체제의 동아시아

고려가 건국된 900년대 초 동북아시아는 ①고려와 함께 ②한족(漢族)의 북송(北宋), ③우문선비(宇文鮮卑)의 후예 거란, ④티베트계 탕구트족이 세운 서하(西夏) 등이 병립한 헤게모니 부재 시대였다. 고려는 G2 북송과 거란 사이에서 균형자 역할을 했다. 주요 무역기지라는 실리가 고려 몫으로 떨어졌다. 거란이 중원으로 남진하기 위해서는 서쪽의 서하와 동쪽의 고려라는 배후가 안정되어야 하고, 반대로 북송이 거란을 견제하

한국의 기원을 찾아서

려면 서하와 고려가 필요하다는 점을 고려는 잘 이해하고, 활용했다. 고려는 '강동(압록강 동쪽을 의미) 6주' 확보 대가로 거란과 사대관계를 맺고 북송과 단교했다. 하지만 고려는 강동 6주 확보 후 10년 만에 다시 북송과 거란 간 등거리 외교를 시작하는 등 '강력한 군사력을 배경으로' 거란과 북송 사이에서 줄다리기를 했다. 거란이 구축한 압록강변 보주성(保州城)을 중심으로 한 강동 6주는 북송-거란-고려-일본-여진 간 교역중심지였다. 고려 시대 무역이 성행했던 것은 고려가 개방적무역 국가였기 때문이다. 고려는 동남아와 중동의 페르시아(이란), 아라비아(오만, 예멘 등)와도 활발히 무역했다.

동아시아 균형자 고려

고려(918~1392) 태조 왕건(877~943)은 936년 후삼국 통일 후 돌궐(투르크)계 사타족 출신 석경당이 화베이에 세운 후진(後晉·936~947)에 제3국 출신 사신을 통해 함께 거란을 공격할 것을 제의했다. 옛조선과 같이 '8조 범금'을 갖고 있던 거란은 고구려의 후계국을 자처했다. 거란의 통제를 받던 약체후진은 고려의 제안을 받아들일 수 없었다. 이후 정안국과 올야국(兀惹國·오사국) 등 만주-한반도 북부의 후고려(발해) 부흥세력을 멸망시키고, 내정을 안정시킨 성종(聖宗) 야율문수노(耶律文殊奴)는 북송 공격을 위한 전초전의 일환으로 993년 동경(고구려 요동성 소재) 유수 소항덕(소손녕)에게 6만 대군을 주어 고려를 침공하게 했다. 거란의 침공을 받은 고려 조정에서는 할지론(割地論)까지 나왔다. 후고려(발해) 유민군대를 이끈 대도수가 안융진에서 승리하는 등 군사적으로 다소 유리한 상황이 되자 중군사 서희가 소항덕과 외교 교섭에 나섰다. 고려는 거란에게 여진족 거주지인 강동 6주(압록강 동쪽, 지금의 평안북도 일부)를 점령하는 것을 허용해 주면, 북송과의 외교관계를 끊고 거란에 조공하겠다고 약속했다. 거란은 고려의 제안을 받아들였다. 서희가 당시 국제관계와 거란의 고려 침공 의도를 정확히 읽은 결과였다. 거란은 이후 '북방의 강남(江南)'이라 불리는 (닝샤 자치구) 인촨(銀川)을 중심으로 티베트계 탕구트족이 세운 서하(西夏)도 굴복시켰다. 북송이 외교적으로 고립됐다. 거란 성종은 1004년 북송 정벌을 위해 직접 20만 대군을 지휘, 지금의 베이징 일대인 연운(燕雲) 16주에서 발진, 북송 영토인 황허 유역으로 남진했다. 북송은 사노비 제도를 폐지하고, 일식(日蝕) 원리를 이해하며, 석탄을 대량 소비하고, 소비의 미덕을 강조할 정도로 앞서가던 나라였다. 북송 황제 진종은 재상 구준의 건의에 따라 30만 대군을 이끌고 황허를 건너 북상, 전주(澶州·푸양)로 향했다. 몇몇 전투에서 거란군이 승리했으나, 거란군 원수(元帥) 소달름이 전사한 이후 전쟁은 소강상태로 접어들었다. 거란, 북송 두 나라는 타협했

한국의 기원을 찾아서

다. 거란이 북송을 형으로 부르는 대신 북송은 매년 비단 20만 필, 은(銀) 10만 냥을 거란에 조공하기로 했다. '전연(澶淵)의 맹(盟)'이라 불리는 이 조약을 체결한 후 거란-북송 관계는 안정됐다. 인종·언어적으로 몽골과 가까운 거란은 내·외몽골과 만주, 북중국 일부, 한반도 동북부, 신장 등을 영토로 했다. 우리가 인종적·언어적으로 친연(親緣)한 고구려와 후고려(발해) 역사를 우리 민족사로 보듯이 몽골계가 주류를 형성했으며, 몽골고원도 영토로 포함하고 있던 거란 역사(遼史)를 중국사가 아닌 몽골사의 일부로 보아야 하지 않을까? 그리고 거란이 옛조선과 고구려의 후계국가를 자처했다는 점에서 우리나라 역시 거란에 대해 일부나마 역사적 관할권을 갖고 있는 것은 아닐까?

고려의 태종이자 세종, 현종

　　1009년 고려의 평안도(서북면) 군사령관 강조(康兆)가 쿠데타를 일으켜 현종(왕건의 손자)을 옹립하고, 목종(왕건의 증손자)을 시해했다. 고려로부터 압박받은 여진 부족장으로부터 강조의 쿠데타 소식을 전해 들을 거란 성종은 쿠데타를 핑계로 고려를 친정(親征)하기로 했다. 강조가 지휘한 30만 고려군 본대는 (평북) 통주 전투에서 처음에는 검차(劍車)를 앞세워 승리했으나, 소항덕의 형 소배압이 지휘한 거란군에게 대패했다. 강조 포함 고려군 수뇌부는 거란의 포로가 되었으며, 강조는 투항을 거부하다가 처형되었다. 후고려 유민도 포함된 거란군은 계속 남하, 개경을 점령하고 약탈했다. 현종은 개경을 탈출, 몽진하다가 (경기도) 양주에서 거란군 선봉대에 거의 따라 잡힐 뻔한 위기를 겪기도 했다. 현종은 지방 호족들의 비협조와 심지어 압박 속에 소수의 수행원만을 거느리고 한강, 금강을 건너 나주까지 몽진했다. 강동 6주를 지키던 양규와 김숙흥 등이 이끈 별동대 수천 명은, 수도 개경성을 불태운 것 이외는 큰 성과 없이 수 만 명의 포로와 함께 철군 중이던 거란 대군을 기습하여, 수만 명을 죽였다. 강조와 양규, 그리고 중기의 척준경, 후기의 최영, 이성계 등은 고려시대를 대표하는 용장으로 손꼽힌다. 거란군은 압록강 너머로 도주할 수밖에 없었다. 현종은 이자림(왕가도)의 도움을 받아 거란(성종)의 2차 침공 시 활약한 장군 김훈, 최질의 쿠데타와 전횡(1014.11~1015.3)을 극복해 냈다. 강한찬(姜邯贊)*과 강민첨 등이 거란의 3차 침공을 저지했다. (*'邯'은 춘추전국시대 조나라 수도 '한단(邯鄲)', 진(秦)나라 장군 장한(章邯) 등의 예에서 알 수 있는 것처럼 '감'이 아니라 '한'으로 발음해야 한다. '감'으로 발음할 여하한 이유가 없다.) 강한찬은 금천(衿川), 즉 오늘날의 안양천 일대에 큰 세력을 갖고 있던 호족(豪族) 금천 강씨 출신이다.

귀주 대회전

1018년 2차 침입 시 활약했던 소배압이 지휘한 10만 거란 정예군이 다시 고려를 침공했다. 잘 조직된 고려군이 강력히 저항했다. 강한찬과 강민첨 등이 지휘한 20만 고려군은 개경 직공을 시도했다가 큰 성과 없이 철군하던 거란군을 평북 귀주(구성) 들판에서 포착, 대회전(大會戰)을 벌여 대파하고, 거란 병사 수 만 명을 포로로 잡았다. 이 '귀주 회전'에서 거란 성종의 친위대 등 고급 인재 6만여 명이 전사하거나 포로로 잡혔다. 다수의 고급 인재가 사라져 어느 정도 글만 읽을 줄 알면 관리나 장교로 등용될 정도였다. 패전한 거란은 쇠퇴기로 접어들었다. 이에 반해, 고려의 국제 위상은 크게 높아 졌다. 고구려, 발해(후고려)와 함께 고려는 조선과는 차원이 다른 나라였다. 만주족의 청(淸)에 속수무책으로 당한 조선과는 달리 상무정신이 살아있던 고려는 동아시아 최강 거란의 3차례 침공(993~1019)을 모두 격퇴했다. 거란과의 전쟁 시 발해 유민과 함께 여진 출신 병사들이 중요한 역할을 수행했다. 거란은 다시 대규모로 고려를 침공할 엄두조차 내지 못했다. 거란의 침공을 막아내는데 성공한 현종은 내치에도 성과를 거두어 조선 태종, 세종에 버금가는 명군(名君)이라는 평가를 받는다. 고려-거란 간 전쟁이 종료되고, 화평 분위기가 무르익어 가던 1029년 랴오둥의 후고려 공동체 출신 (대조영의 후손) 대연림이 반란을 일으켜(흥료국 건국) 후고려 유민 고길덕 등을 사신으로 보내 고려와의 연결을 시도했지만, 고려로부터 제대로 지원받지 못하고, 곧 거란군에게 진압 당했다. 흥료국 지원을 위해 출전한 곽원의 고려군은 거란군에게 패배하고 말았다. 고려 덕종 통치기이자 거란 성종 말기-흥종 초기 (거란의) 정치 혼란으로 인해 랴오둥의 후고려인(발해인) 유민 등 많은 거란인들이 고려로 망명해 왔다. 고려는 거란에게 거란이 설치한 압록강 부교와 압록강가 보주(의주)성을 철거할 것을 요구했으나 거란은 이를 거부했다. 왕가도와 유소 등 중신들이 덕종에게 거란 정벌을 건의했으나, 덕종은 성공 가능성이 크지 않다는 이유로 들어주지 않았다.

동여진의 고려 동해안, 일본 침공

함흥평야와 두만강 유역, 그리고 연해주 일대를 장악한 동여진 포로모타부족(고구려, 후고려의 후예)이 11세기 초 동해에 접한 고려 영토와 일본 해안지역을 위협했다. 동여진이 동해 지역에서 자유롭게 활동을 할 수 있었던 이유는 후삼국 통일 이전은 물론, 이후에도 고려가 북송, 거란과의 관계에 집중하고, 동해 지역에는 큰 관심을 두지 않았기 때문이다. 동여진은 주로 연해주 포시에트만과 원산만 소재 항구에 근거지를 두고, 함선을 이용하여 고려를 침공했다. 고려는 목종 시기인

1005년부터 본격적으로 동여진의 침공에 대응했다. 현종도 목종대의 정책을 계승하여 1012년(현종 3년)까지 동해안 각지에 성을 쌓고, 해군을 증강 배치했다. 해군을 관할하는 군사기구도 설치했다. 고려가 동여진에 대해 공격적으로 대처한 결과 동여진의 군사 활동을 둔화시키는 데 성공했다. 하지만, 동여진은 100여 척의 함선에 탑승한 4000여 병력을 동원, 1011년 경주, 1012년 포항, 그리고 귀주대첩이 있었던 1018년 울진, 영덕까지 침공했다. 고려가 거란의 2차 침입 시 평양성 등에서 공을 세웠으며, 나중 강한찬과 함께 귀주대첩의 주인공이 되는 강민첨을 파견하는 등 강력히 대응하자 동여진은 일본 서해안으로 공격 목표를 바꾸었다. 1019년 3월 3000여 병력이 탑승한 동여진 함대 50여 척이 쓰시마를 침공했다. 일본은 이들의 정체를 알 수 없어 '도이(오랑캐) 도적'이라 했다. 동여진 함대는 쓰시마를 약탈한 뒤 퇴각했다. 쓰시마를 떠난 동여진 함대는 이어 이키에 상륙했다. 동여진 함대는 쓰시마와 이키 등에서 잡은 포로를 태운 채 4월 초 후쿠오카 인근을 약탈하는가 하면, 하카다만의 노코섬도 공격하여 주민을 포로로 잡았다. 고려 함대는 귀환하는 동여진 함대를 포착·격파하고, 일본인 포로 400여 명을 구출했다. 동여진은 일본을 침공하는 과정에서 1018년, 1019년, 1022년 3차례나 울릉도를 약탈했다. 동여진 세력의 약탈로 울릉도는 황폐화 되었다가 고려의 지원으로 부흥했다. 1032년(덕종 1년) 울릉도 도주(島主)가 아들 부어잉다랑(夫於仍多郎)을 고려 조정에 입조(入朝)시켜 토산물을 바쳤다. '부어잉다랑'이란 이름으로 보아 울릉도주 일가는 여진계 또는 일본계로 보인다.

고려, 헤이룽장성 남부까지 진출하다

금(金)나라 발상지인 숭가리 울라(松花江) 하구 하얼빈 부근 회령(야청·阿城)은 12세기에 이르러서도 야성을 유지하고 있었다. 흑수말갈 계통 15만 완안부(完顏部) 주민이 사는 회령 일대 삼림·강·호수 지역은 여름철에는 몹시 덥고, 겨울철에는 몹시 추운 땅이었다. 완안부 포함 여진은 사냥과 어로를 생업으로 했으며, 뛰어난 전투기술을 갖고 있었다. '여진족 1만 명이 차면 상대하지 말라.'는 말이 있을 만큼 용맹했다. 여진족은 후고려가 멸망한 후 거란에 예속되어 공물(供物) 납부 등 각종 부담을 졌다. 『금사(金史)』에 의하면, 금나라 시조 완안아쿠타의 조상 함보(函普)는 고려(또는 신라) 출신이라 한다. 여진 완안부가 고려를 '부모의 나라'라고 한 것을 볼 때 여진은 고려를 거의 동족으로 대했던 듯하다. 12세기 들어 여진의 고려 국경 침입이 잦아졌다. 고려 예종(문제·文帝)은 1107년 윤관을 새로 편성한 부대인 별무반 사령관으로 삼아 여진 정벌을 시작했다. 출진한 고려 병사는 17만 명에 달했다. 윤관은 무

신(武神)으로 불린 척준경(拓俊京)을 앞세워 135개 여진 마을
을 불태우는 등 여진군을 격파하고, 함흥평야부터 두만강 이
북 280㎞(700리) '헤이룽장성 둥닝현 다오허진에 위치한 선춘
령(이인철 경복대 교수)'에 이르는 점령지역에 공험진성 등 아
홉 개 성(동북 9성)을 축조했다(『고려사 지리지』, 『신증동국여
지승람』, 『성호사설』). 조선 초기에 편찬된 『고려사 지리지』는
서문(序文)에서 '고려의 경계가 서북쪽으로는 고구려에 미치지
못했으나, 동북쪽으로는 고구려의 경계를 넘어섰다.'라고 밝
히고 있다. 고려 중기이후 고려의 서쪽 국경이 압록강이 아니
라 랴오허였다는 소수설(복기대 인하대 교수)도 있다. 고려는
7만 5천호가 넘는 남쪽 주민들을 점령지로 이주시키는 사민정
책(徙民政策)을 실시했다. 윤관의 여진 정벌은 조선이 두만강
하구까지 영토를 넓히는 배경이 됐다.

우호적이었던 고려–금나라 관계

고려가 17만 대군을 동원, 마운령 이남 함흥평야 부근만을
탈환했다는 과거 주장(한백겸과 정약용 등이 마운령 소재 진흥
왕 순수비를 윤관의 정계비로 오인하여 주장했으며, 일본침략
기 이케우치 등이 뒷받침)은 논리적으로도 맞지 않다. 고려는
'동북 9성'을 오래 지키지 못했다. 『세종실록 지리지』 등 사서는
동북 9성 성(城) 간 거리가 너무 멀어 지키기 어려웠다 한다. 고

려군은 전쟁 초기 친고려적인 여진 부족장 400여 명을 속임수를 쓰서 불필요하게 살해했으며, 무고한 여진 주민들을 학살하기도 했다. 이는 여진인들로 하여금 회령(야청)의 완안부를 중심으로 뭉치도록 만드는 원인이 되었다. 완안부에는 우야소, 아쿠타, 우키마이 등 영걸(英傑)이 잇달아 출현했다. 완안부는 고려의 공격과 거란의 압박을 뿌리치고, 1115년 헤이룽장과 지린, 갈라전(함경도와 연해주 등)에 이르는 광범한 지역의 여진 부족들을 결집, 금나라를 세웠다. 그해 북송이 금과 함께 거란을 정벌하려 하자 고려는 급히 북송에 사신을 파견, 그 위험성을 경고했다. 완안 아쿠타가 이끄는 여진군은 거란군을 연파하고, 1120년 거란 수도 상경 임황부(바린좌치)를 점령했다. 금·북송 동맹군은 같은 해 거란 제2의 수도 옌징(베이징)마저 점령, 거란을 멸망시켰다. 이후 금과 북송 사이가 벌어져 금은 1127년 북송 수도 카이펑을 함락, 전(前) 황제 휘종과 현(現) 황제 흠종을 포로로 잡았다(정강의 변, 靖康之變). 한족(漢族) 지상주의자인 중국작가 고(故) 진용(CHA Leung-yung)은 무협소설 『사조영웅전』에서 '정강의 변'을 반드시 기억하자는 뜻에서 한족 출신 주인공의 이름을 '곽정(郭靖)', 그의 친구 이름을 '양강(楊康)'이라고 짓는다. '정강의 변' 이후 고려는 북송과의 관계를 단절하고, 금과 사대관계를 맺었다. 고려군의 막강한 전투력을 경험했던 금나라 지도부는 고려를 시종일관 온건하게 대했다.

한국의 기원을 찾아서

후삼국 통일의 길을 닦은

김궁예(金弓裔)

황제 김궁예

918년 6월 태봉(후고구려) 수도 철원에서 송악(개성) 출신 패서(浿西) 호족 대표이자 정권 2인자이며 군권을 가진 왕건이 장군 홍유, 배현경, 신숭겸, 복지겸을 포함한 4기장(四騎將) 등을 이끌고 황제* 김궁예에게 대항하는 쿠데타를 일으켰다. *후고구려와 고려는 후고려(발해)에 이어 '외왕내제(外王內帝: 외국을 상대할 때는 왕, 국내적으로는 황제)'를 채택했다. 베트남도 외왕내제를 채택했다. 쿠데타 진압에 실패하고, 철원에서 탈출한 김궁예는 명주(강릉) 성주이자 김궁예와 같은 신라 왕족 출신 김순식(왕순식)에게로 향하다가 철원 인근 부양(평강)에서 왕건이 보낸 추격군에 따라잡혀 시해(弑害)당한 것으로 추측된다. (고려가 편찬한 사서에는 보리이삭을 훔쳐 먹다가 백성들에게 맞아 죽은 것으로 나온다.) 그로부터 474년 뒤인 1392년 왕건의 후손들은 왕건이 김궁예에게 한 것과 똑 같이 이성계가 주도한 쿠데타를 통해 대거 살해당했다.

김궁예의 봉기

9세기 말 노쇠한 신라는 지방에 대한 통제력을 잃어갔다. 889년 사벌(상주)에서 원종·애노가 반란을 일으켰다. 원종·애노의 난은 중국 진말(秦末) '진승·오광의 난'이나 당말(唐末) '황소의 난'과 같이, 50년 후삼국시대로 가는 방아쇠였다. 신라는 중국 삼국시대, 일본 전국시대와 같은 군웅할거의 시대로 접어들었다. 헌안왕(또는 경문왕)의 서자(庶子) 김궁예 역시 반란의 시대에 몸을 일으킨 군웅(群雄) 중 하나였다. 김궁예는 서원경(청주) 부근에서 청소년기를 보내고, 영월 세달사의 중이 되었다가 891년 환속(還俗)하여, 경기도 안성의 세력가 기훤 휘하로 들어갔다. 기훤에게 실망한 김궁예는 892년 안성을 떠나 북원경(원주)의 세력가 양길(良吉)에게 의탁했다. 그해 신라군의 중견 장교 출신 진훤(견훤〈甄萱〉)이 반란을 일으켜 나주 미다부리정의 신라 정규군 병력을 휘몰아 무진주(광주)를 점령, 세력을 떨쳤다. 나중에는 임실 주둔 거사물정 병력들도 진훤 세력에 대거 합세한 것으로 보인다. 진훤은 이 무렵 양길에게 비장(裨將) 벼슬을 내리는 등 한반도의 지배자를 자처했다. 한편, 양길의 신임을 획득한 김궁예는 양길로부터 100여 명의 병력을 받아 치악산 석남사에 주둔하면서, 강원도 남부와 울진, 봉화(내성) 포함 경북 일대를 공략했다. 곧 3500여 병력을 거느리게 된 김궁예는 894년 대관령을 넘어 계속 진군, 명주(강릉) 일대를 확보했다. 명주의 토호(土豪)이자 무열왕 김춘추의 후손을 자처한 김순식이 전투 없이 명주성을 넘겨주었다. 세력을 강화한 김궁예는 자립했다. 김궁예는 병력을 재편한 후 속초-고성을 거쳐 향로봉 삼재령을 넘어 서쪽으로 진군하여, 인제-양구-화천-김화-철원(쇠둘레·쇠벌) 등 강원도 중북부 일대를 장악했다. 896년 김궁예의 부대는 철원에서 개성으로 이어지는 길을 통해 패서(경기 북부와 황해도) 지방으로 계속 진군했다. 분열되어 있던 박지윤, 황보제공, 용건(왕륭) 등 패서 호족들은 연안(延安)의 유긍순을 포함한 일부를 제외하고는 모두 김궁예에게 항복했다. 김궁예는 그해 임진강의 지류인 한탄강 유역 내륙도시 철원을 수도로 삼았다. 1년 뒤인 897년 토호이자 해상(海商) 용건의 세력권 안에 위치한 예성강 유역 송악(개성)으로 천도했다. 김궁예는 나중 상당 규모

사병을 거느린 용건의 아들 왕건을 정권 2인자로 중용한다.

철원을 근거로 후고구려를 세우다

899년 양길은 김궁예의 독자 노선에 분노, 경기와 강원 남부, 충청 지역 30여개 성 병력을 동원하여 김궁예를 공격하려 했다. 김궁예는 양길에게 선공을 가했다. 김궁예군은 비뇌성(안성) 전투에서 양길군을 대파했다. 비뇌성 전투는 삼국지 조조와 원소 간 황허 유역 '관도전투(官渡戰鬪)'에 비견된다. 김궁예는 비뇌성 전투에서 이긴 후 한강 유역 패권을 장악했다. 김궁예는 900년경 서원경, 중원경(충주) 일대 청길과 신훤 등 양길의 잔존 세력을 일소하고, 소백산맥 이북 장악을 완료했다. 김궁예는 901년 송악에서 즉위하여 국호를 '고려'라 했다. 한반도 북부 영토에 대한 통제력을 잃어버린 후고려(발해)는 김궁예의 세력 확장을 저지할 수 없었다. 김궁예는 903년 왕건으로 하여금 후백제의 후방인 호남 해안 나주(금성) 지역을 공략하게 했다. 왕건은 오다련 포함 영산강 유역 일대 해상세력(호족)의 지원을 확보, 후백제로부터 영산강 유역 10여 개 군현을 빼앗았다. 오다련은 후백제군의 나주 탈환 공격을 막아내는 데도 도움을 주었다. 당시 바다에 접했던 나주 일대는 서해와 남해 해로(Sea Lane)를 함께 통제하는 해상 교통의 요충이었다. 일대 농업생산력도 상당했다. 후백제의 타격은 컸다. 후고구려는 나주를 발판으로 언제든지 진훤의 초기 거점 무진주 포함 후백제 내륙으로 침투할 수 있게 되었다. 후백제는 무진주에 상당한 병력을 주둔시켜야 했다. 후백제는 929년이 되어서야 나주를 탈환했다가 6년 뒤인 935년 다시 빼앗긴다. 김궁예는 905년 후고려 상경 홀한성(忽汗城)을 모델로 외성 둘레 12㎞, 내성 둘레 7.7㎞의 철원 궁성(남북 군사분계선 기준 정확히 2개로 분단)을 완공했다. 그는 국호를 '마진(摩震)', 연호를 '무태(武泰)'라 하고 철원으로 환도(還都)했다. 연호를 정했다는 것은 '제국(帝國)'을 표방했다는 뜻이다. 김궁예는 국호를 변경하여, 고구려의 색채를 지우고, 패서 일대 고구려계 호족들의 영향력에서 벗어나고자 했다. 김궁예는 신라 5소경 중 하나로 한 때 그가 생활했던 곳으로 추정되는 서원경(청주) 주민 수천 명을 철원으로 이주시키고, 청주 또는 공주 출신인 아지태와 환선길 형제, 이흔암(伊昕巖) 등을 중용했다. 아지태는 권력 핵심부에 진입했다. 고구려의 정체성을 지나치게 강조하다가는 패서호족들에게 압도당할 수 있고, 또 청주와 충주, 공주, 나주와 같이 백제에 속했던 지역과, 신라 영역 주민들로부터 호의적 반응을 이끌어내기 어려웠을 것이기 때문으로 보인다.

철원이 가진 문제점

　김궁예는 최초 거병한 890년대부터 계속하여 영토를 확장해 나갔지만, 911년부터는 정복전쟁을 멈추고, 나라를 안정시키는 방향으로 나갔다. 하지만, 철원 환도와 이후의 왕권 강화 시도는 철원 백성들을 피폐하게 만들어 김궁예의 몰락을 가속화시켰다. 철원은 바다로부터 멀리 떨어진데다가 철원평야를 흐르는 임진강의 지류 한탄강(漢灘江) 수량이 너무 적어 고대나 현대나 관계없이 한 나라의 수도로는 적합하지 못한 곳이다. 한탄강은 고저차가 심하고 물살이 세어 수운(水運)도 제대로 작동하지 못한다. 본류 임진강 수운도 일정 구간에서만 가능하다. 김궁예는 곡창인 철원평야를 믿고 철원 환도를 결정했던 것으로 보인다. 하지만, 철원평야의 생산력만으로는 주민이 크게 늘어난 수도(首都) 철원 경제를 유지할 수 없었다. 한탄강의 적은 수량으로는 폭증한 주민들의 생활용수와 농업용수도 제대로 공급할 수 없었다. 기온이 영하 20~30도까지 내려가는 겨울철에는 생활용수를 충분히 공급하는 것조차도 쉽지 않았을 것이다. 수도는 대부분 큰 강을 끼고 있다. 교통과 산업이 발달한 현대에도 크게 다르지 않다. 수도 주민들에게 생활용수를 충분히 공급하기 위해서는 큰 강이 필요하기 때문이다. 고구려의 평양(대동강 또는 랴오허), 신라의 경주(형산강), 백제의 한성(한강)과 웅진·사비(금강), 후고려의 상경 홀한성(목단강), 조선의 한양(한강) 등 역대 왕조 수도 모두 큰 강을 끼고 있었다. 물가가 몇 천%까지 치솟는 하이퍼인플레이션(hyperinflation)으로 인해 철원 백성들의 생계가 위협받았다. 세포(細布) 1필로 쌀 5~6되밖에 살 수 없게 되었다(신라 중기 무열왕 시기 경주에서는 세포 1필로 쌀 300~500되 구매 가능). 김궁예가 정치적 이유로 예성강과 바다를 끼고 있는 요충지 송악을 포기한 것은 큰 실책이었다. 김궁예는 새 나라를 세우는 데까지는 성공했지만, 이상을 구현하는 데는 실패했다. 새 나라를 세우기 위해서는 현실 권력인 패서 호족(豪族)들의 협조가 절실했다. 그들은 생명과 재산을 보전받기 받기 위해 김궁예에게 협력했지만, 그를 진심으로 따른 것은 아니었다. 김궁예는 애민정신이 강한 지도자였지만, 정치가에게 필요한 인내심, 친화력, 융통성을 갖지 못했다. 황후 강씨(康氏)의 친정 포함 패서 호족들과 불화하고, 연고가 있던 청주와 공주 출신들을 우대하며, 귀순해 온 신라인들을 첩자로 의심하여 다수 살해한 것이 그 예다. 김궁예는 911년 국호를 태봉(泰封)으로, 연호를 '수덕만세(水德萬歲)'로 고쳤다. 마진과 함께 태봉도 후삼국을 일통(一統)하겠다는 의지가 담긴 국명이다.

김궁예의 몰락

 김궁예는 914년 연호를 '정개(政開)'로 다시 고쳤다. 김궁예의 성급한 왕권 강화책은 큰 부작용을 가져왔다. 김궁예는 미륵을 자처했다. 미륵신앙을 정치로 끌어들인 것은 미륵신앙 본산 법상종(法相宗)과 갈등을 일으키는 결정적 요인이 되었다. 김궁예는 불교 경전을 자작(自作)하기까지 한 자신에게 노골적으로 반감을 드러낸 법상종 지도자 석총을 공개 처형하는 등 잔인한 조치까지 취했다. 법상종을 포함한 불교계는 김궁예에게 강한 반감을 갖게 되었다. 김궁예는 왕권 강화책과 중앙집권화를 반대하던 강 황후를 처형했다. 태자 청광마저 살해했다 한다. 유방(漢), 미나모토노 요리토모(카마쿠라 바쿠후), 주원장(明), 이방원(조선) 등 창업자(창업자에 가까운 인물) 모두 권력을 확고히 하고 난 다음 부하들을 숙청했다. 진훤이라는 강력한 적이 존재하는 상황에서, 국내 권력도 확고히 장악하지 못한 상태에서 대규모 숙청을 자행한 것은 어리석다 할 수 밖에 없다. 패서의 고구려계 호족들은 청주 등 옛백제 지역에 연고를 갖고 있는 김궁예가 조만간 자신들을 제거하거나 권력을 빼앗을 것을 두려워했다. 전선으로 내려가 있던 부대를 대거 동원한 왕건의 군사 쿠데타는 고구려계 패서 호족들이 김궁예에게 선수를 친 것이라고 해석할 수 있다. 군사적 재능은 탁월했으나, 정치력이 크게 못 미쳤다는 점에서 김궁예는 비슷한 시기를 살다간 돌궐 사타족 출신 후당(後唐) 장종 이존욱(李存勖)에 비견된다. 왕건 일가는 경기만 일대를 배경으로 한 해상세력이었다. 김궁예와 달리 왕건은 사략선단 (해상 겸 해적) 세력을 최대한 활용했다. 첫째 부인의 아버지 유천궁은 예성강 하구 풍덕에서 성장한 국제상인이었다. 둘째 부인의 아버지 오다련은 영산강 유역에 기반을 둔 토호였다. 남양(화성)만의 홍유, 당진의 복지겸, 임진강 유역 파평 윤씨 (윤관의 조상), 한강 하류 공암(양천) 허씨(허준의 조상), 안양 천의 금천(衿川) 강씨(강한찬의 조상), 남한강 하류 이천 서씨 (서희의 조상) 등 여러 해상·수상 세력이 왕건을 후원했다.

영웅 김궁예

김궁예의 호족 탄압과 불교계 숙청은 기득권층과 기득권 층을 지탱해 준 불교계 대상 개혁정치의 일환으로 볼 수도 있 다. 하지만, 김궁예의 조치는 너무 성급했으며, 정교하지도 못 했다. 그는 패서 호족의 군사 쿠데타라는 역풍을 맞아 역사의 궤도에서 이탈했다. 김궁예의 흔적은 오래갔다. 왕건이 즉위 한 이후 세워진 전남 강진 무위사 경내 선각대사비는 김궁예 를 대왕전주(大王前主)라고 기록하고 있다. 왕건 정권이 강릉 의 김순식과 같은 김궁예 추종세력을 완전히 무시할 수 없었 기 때문이었던 것으로 보인다. 왕건은 김궁예가 성취해 놓은

한국의 기원을 찾아서

것을 탈취하여 936년 후삼국을 통일했다. 통일의 길을 닦았다는 점에서 김궁예의 역할은 세례 요한이나, 진(秦) 시황 영정, 수 문제 보륙여 나라연(양견), 그리고 중화민국 장제스와 비슷하다. 우리 역사상 강원도를 중심으로 세워진 유일한 나라가 후고구려(마진, 태봉)이다. 남·북 강원도 통합과 한반도 통일을 희구(希求)하는 마음으로 한 때 강원도 최대 도시이기도 했던 철원을 수도로 정한 이상주의자 '궁예'를 특별히 다룬다.

후고려(발해),
헤이룽장(아무르강) 이북 진출

토번의 굴기와 신라, 후고려

고구려 멸망 불과 2년 뒤인 670년 7월 설인귀의 당군(唐軍) 10만 여명이 티베트 고원에서 굴기(崛起)한 토번제국(618~842) 대군과의 칭하이(靑海) 다페이촨(大非川) 전투에서 대패했다. 천재적 군사전략가 가르친링 첸드로가 지휘한 토번군은 무적을 자랑했다. 토번은 그 직전인 669년 서역(신장, 중앙아시아)으로 세력을 확대하여 당나라에 속해있던 서역의 안서 4진을 점령했다. 수도 장안과 가까운 토번 전선 상황이 급

박해지자 랴오둥의 당군은 671년 7월 고구려 부흥군의 최후 보루 안시성을 점령한 다음 토번 전선으로 이동해 갔다. 당나라 축출 전쟁에 돌입했던 신라에게는 큰 행운이었다. 신라는 왜와의 관계도 개선했다. 신라는 당나라와의 전쟁에서 승리하여 대동강-원산만선까지 국토를 넓힐 수 있었다. 통일 후 신라 국경이 만주 랴오닝성 쳰산산맥(千山山脈) 이동, 두만강 이북 간도 지역까지 다다랐다는 일부 주장도 있다. 당나라는 678년 토번과의 칭하이 칭펑링(承風嶺) 전투에서 다시 참패했다. 강대해진 토번은 간쑤, 쓰촨, 윈난 등의 당나라 영토를 수시로 공격했다. 가르친링이 지휘한 토번군은 696년 간쑤의 소라한산 전투에서 당나라 대군을 다시 한 번 격파했다. 당나라 군에 편입된 흑치상지 포함 백제 유민군이 토번군과의 전투에서 크게 활약했다. 당이 몽골고원과 오르도스(河套) 주둔 병력 대부분을 철수시키자 전돌궐제국 대칸의 후예 아쉬나 쿠틀룩, 카프간 형제와 후대 사학자들이 '돌궐의 비스마르크'라고 부른 아쉬더 톤유크 등이 몽골고원을 중심으로 후돌궐제국(683~734)을 세웠다. 고구려 유민들에게도 기회가 왔다.

고구려 별종(別種) 속말말갈 출신 대조영, 후고려를 세우다

다링허 유역 영주(차오양·용성)로 강제 이주당해 있던 고구려 유민들은, 토번과 후돌궐의 대두로 인해 당의 영향력이 약화되어 가던 상황에서, 돌궐의 재기에 자극받은 시라무렌(潢水) 유역 거란족이 봉기하자 그 틈을 타 국가 재건에 나섰다. 영주에는 4세기 모용선비의 침공으로 포로가 되었던 고구려인(고영숙 묘지〈墓誌〉 참조)과 부여인(랴오닝성 베이퍄오 라마동 집단묘 참조) 후손들이 이미 자리 잡고 있었다. 걸걸 중상·대조영 부자와 걸 사비우 등이 이끄는 고구려 별종(別種) 속말말갈 주도 고구려 유민세력은 고구려가 멸망한 지 30년 된 698년 거란족 위주의 당나라 추격군을 격파하고, 두만강 유역 투먼의 동모산 일대를 중심으로 후고려(보하이·渤海)를 세웠다. 걸걸중상(乞乞仲象)과 걸사비우(乞四比羽)의 '걸걸(乞乞)' 또는 '걸(乞)'은 우리말 '클(크다)'을 의미하는 것으로 추측된다. 대조영과 대야발을 포함한 걸걸중상의 자손들이 대씨(大氏)를 칭한 것은 이에 따른 것으로 보인다. 남시베리아-북만주의 숙신(말갈)계 나나이(허저)족은 대조영으로 추정되는 조상신을 모신다 한다. 한편, 당나라는 후고려를 북적(北狄) '보하이(渤海)'라고 불렀다. '보하이'는 삼국지연의의 원소(袁紹)가 태수를 지낸 보하이만 연안도시이기도 하다. 후고려 스스로는 '고려'라 했다. 2대 무제 대무예는 720년 일본이 사신을 보내오자 727년 답사(答使)를 보내 '고려가 부여, 고구려의 습속(習俗)을 계승, 여러 번국(藩國)을 감독하는 나라로 성장했다.'고 알렸다. 고구려가 다링허 유역에서 한강 유역까지를 영토로 했던데 비해, 후고려(발해)는 대동강 유역에서 아무르강 (카라무렌·黑龍江) 유역과 동몽골까지를 영토로 했다. 무제는 731년 몽골 오르콘강 유역 외트켄에서 열린 후돌궐제국 빌게 가한의 동생 퀼 테긴(Kül Tegin)의 장례식에 고려(뵈클리) 황제 이름으로 조문 사절을 파견했다. 무제는 아무르강 유역 흑수말갈 처리 문제로 당과의 사이가 틀어지자 732년 해군을 보내 후고려 공격기지가 될 수 있는 산둥반도를 선제공격했다. 이듬해인 733년에는 랴오시를 공격한 후돌궐제국-거란 연합군에 지원군을 보내기도 했다.

강대국 후고려

후고려는 3대 문제 재위기(737~793)에 일어난 안록산-사사명의 난(755~763)으로 당나라가 혼란에 처하자 랴오둥으로 서진(西進)하여, 현도주와 목저주를 설치했다. 후고려는 문제시기 상경성(헤이룽장성 닝안, 닝안이 동경성 유적지라는 주장도 있다)을 조성했는데, 상경 홀한성 제2 궁전 규모가 당나라 수도 장안의 함원전보다 훨씬 더 컸던 것으로 확인된다. 2004년 문제 대흠무의 배필 효의황후, 2009년 9대 간제(簡帝) 대명충의 배필 순목황후 묘지(墓誌)가 발굴되었다. 부인이 황후이면, 남편은 당연히 황제로 호칭되었을 것이다. 짧은 기간 재위한 간제조차 '태시'라는 연호를 사용했다. 10대 선제(재

위 818~830) 대인수 시기 후고려는 당나라가 번진(藩鎭) 세력
으로 분열되자 랴오둥의 소고구려는 물론 웅진도독부(건안성)
의 백제 유민 일부도 흡수했다. 아무르강 북안(北岸) 블라고베
셴스크(북만주 헤이허 건너편) 인근 1천여 기(基)의 옛무덤이
밀집된 '트로이츠코예 고분군'은 남시베리아에서 가장 규모가
큰 고분군으로 후고려 고분군으로 확인되었다. 후고려는 아
무르강 상류 실카강 유역 동몽골까지 진출했다. 역사 지도 수

한국의 기원을 찾아서

정이 필요하다. 신라는 후고려의 남진을 막기 위해 대동강 유역과 하슬라(강릉)에 방어 성채를 쌓아야 했다. 후고려 유적들에서는 소그드 은화, 위구르 토기, 경교(景教) 십자가 등 시리아-소그드 문화 계통 유물도 발굴되었는데, 이는 후고려가 오르콘강 하반(河畔) 카라발가순 중심의 위구르제국이 통제하던 '초원의 길'을 통해 중앙아, 중동 지역과도 교류했음을 말해준다. 후고려는 선제 재위기 최전성기를 맞았다. 선제는 후고려의 경제 발전을 위해 당, 일본과의 무역을 활성화했다. 선제는 일본에 5차례나 사절을 보냈다. 후고려는 840년경 이후 한반도 북부 지역 상당 부분에 대한 통제력을 상실했다. 이 지역에 보로국, 흑수국 같은 말갈계 독립소국들이 출현했다.

말갈은 현대 한국인 선조의 한 갈래

말갈(모트기트)은 『삼국사기』 포함 여러 사서의 고구려, 백제, 신라 관련 기사에 자주 나온다. 『삼국사기』에 의하면, 백제와 신라는 종종 말갈과 충돌했다 한다. 이들은 맥말갈(貊靺鞨·강원도 영서), 예말갈(濊靺鞨·강원도 영동)로도 표현된다. 함흥-원산-안변-춘천 등 오늘날 함경도와 강원도의 영동·영서 주민들을 예말갈 또는 맥말갈이라고도 한다. 고려 초기 신라말(경명왕)인 921년 '말갈(달고부)이 신라 북변을 습격했다'는 기록이 있다. 말갈 거주지는 경상도·강원도에서 동해안을 따라 캄차카 반도와 알루샨열도까지 연결된다. 홋카이도, 사할린, 쿠릴열도, 알루샨 열도에서도 아이누와 함께 말갈 유적이 종종 발견된다. 사서(史書)가 '말갈'로 뭉뚱그려 말한 사람 모두 언어와 습속 등에서 동일하지는 않다. 말갈의 후예인 생여진(生女眞)에서 기원했으며, 현재 아무르강(黑水·헤이룽장) 유역 일대에 거주하고 있는 허저(나나이), 오로춘, 네네츠, 울치 등은 거의 동족의식을 갖고 있지 않다. 한반도 인근 말갈과 흑수말갈은 중세 이후 역할이 크게 다르다. 말갈이라 하더라도 거주 지역에 따라 공동체나 소속 의식이 달랐던 것이다. 같은 예맥이라도 고구려인과 백제인, 신라인이 달랐던 것과 마찬가지이다. 고구려인은 말갈과 선비의 영향을, 백제 남부지역 주민과 신라인은 혈통적으로 야요이계의 영향을 많이 받았다. 흑수말갈은 나중 숭가리 울라(쑹화강) 유역으로 남하, 금(金)나라를 세웠다. 고구려와 발해가 멸망한 다음 청천강-안변 이북에는 말갈과 그 후예 여진이 주로 거주했다. 그런데, 압록강 유역은 고구려의 발상지였고, 함경도와 영동(嶺東) 대부분은 동예인과 맥인, 옥저인의 땅이었다. 맥인, 동예인, 옥저인 모두가 후고려(발해) 멸망 후 갑자기 말갈족으로 바뀌었다는 뜻인가? 고구려의 2대 축 이었던 국내성 지역(압록강 유역)과 책성 지역(두만강 유역) 예맥계 주민들은 다 어디로 갔는가? 7세기 말 당나라에 항복하기 직전 책주(柵州) 도독 겸 총병마(욕살)를 역임한 이타인(李他人) 묘지(墓誌)에 의하면, 재직 시 그는 12주, 37부 말갈을 관장했다 한다. 말갈 대부분이 고구려인이었다는 뜻이다. 고구려와 후고려 모두 다민족 국가였다. 후고려에는 예맥(고구려·부여)계, 말갈계뿐 아니라 거란계, 실위(몽골인의 선조)계, 심지어 소그드(이란)계도 거주했다. 후고려 공용어는 고구려(부여)계 언어로 추정된다. 일부 사학자들은 고구려인을 고구려인, 말갈족, 거란족으로 구분, 표현한다. 이는 맞지 않다. 예를 들어 미국에는 영국계, 한국계, 아프리카계 등 다양한 계통 미국인이 거주하고 있다. 미국 국경 밖에는 영국, 한국, 멕시코 등이 별도로 존재한다. 고구려인을 고구려인과 말갈족, 거란족으로 구분하는 것은 미국인을 미국인(영국계)과 이탈리아인, 그리스인, 러시아인, 한국인, 인디안 등으로 구분하는 것과 같다. 그리고 고(高), 장(張), 대(大), 박(朴) 같은 한자(漢字) 성씨는 고구려계, 여타는 말갈계로 구분하는 것도 근거가 없다. 우리 민족은 중국 문화가 유입되기 전까지는 성씨 자체를 갖고 있지 않았다. 우리 역사에서 이른바 '오랑캐' 말갈과 거란을 제거하기 위해 후고려 지도층은 고구려인(고구려인은 예맥과 선비, 말갈, 거란〈선비의 후예〉, 한족 등으로 구성), 기층은 말갈족이었다는 식의 억지스런 주장은 모화사상(慕華思想)에 기초, 우리 역사공간을 축소시키는 역할을 할 뿐이다. 중국과 일본 등에 이용당하는 어리석은 주장이다. 바얀티무르

(이춘)의 손자이자 울루스부카(이자춘)의 아들 이성계는 말갈 (여진)의 후예로 보인다. 이성계의 사촌 삼선·삼개 형제와 부하 퉁두란(이지란·쿠룬투란테무르)은 여진인이었다. 이성계는 이지란 외에도 주매, 금고시테무르, 허난두, 최야오내 등 10명 이상의 여진인들의 보좌를 받았다. 김(金), 박(朴), 석(昔), 해(解), 태(太) 등을 제외한 이(李), 최(崔), 정(鄭), 로(盧) 포함 우리 성(姓) 대부분은 고려 초 이후 한족식 성(姓)을 차용한 것이다. '오랑캐꽃'의 시인 이용악도 여진인의 피를 받았다 한다. 두만강 유역 회령과 온성 등에는 1960년대까지도 '재가승(在家僧) 마을'이라는 여진인촌이 있었다.

후고려, 공동체 약 5세기 간이나 정체성을 유지하다

922년 돌궐계 사타족 출신 후당(後唐) 장종 이존욱과의 허베이(河北) 전투에서 패배하여, 중국(화베이) 방면 진출이 좌절된 거란 태조 야율아보기(Yaruud Asamki)는 3년 뒤인 925년 말~926년 초 20만 대군을 동원하여, 내정 혼란 상황에서 외교적으로도 고립되어있던 동쪽의 후고려를 급습, 정복했다. 『요사(遼史)』에 의하면, 요나라 곧 거란은 조선의 옛 땅에서 유래했으며, '팔조범금(八條犯禁)' 관습과 전통을 보존하고 있었다 한다. 거란은 (고)조선의 정통을 이은 나라라는 뜻이다. 거란과 고려 모두 중국인들이 보기에는 같은 북적(北狄) 오랑캐였다. 야율아보기는 후고려 공략 직전인 924년 몽골 오르콘강 유역에 원정, 그곳에 살던 키르키즈족과 위구르족을 시베리아와 신장 지역 등으로 축출하는 등 몽골고원을 평정하여 배후의 근심거리를 없앴다. 후고려는 919년 랴오둥에서 거란군을 격파하는 한편, 924년 5월 거란 장수 장수실이 지키던 요주(遼州)를 점령하는 등 거란과 일진일퇴의 공방을 벌였지만, 924년 여름철 이후 정권 핵심계층 간 내분과 이를 틈탄 거란의 기습으로 멸망하고 말았다. 후고려 제15대 마지막 왕 대인선은 후량(後梁)과 일본, 신라에 군사지원을 요청하는 사신을 보내는 등 거란의 침공을 막기 위해 백방으로 노력했지만, 내분으로 인해 성과를 거두지 못했다. 야율아보기는 상경 홀한성(헤이룽장성 닝안)을 중심으로 '동쪽의 거란국'이란 뜻의 동란국(東丹國)을 세우고, 장남 야율돌욕(야율배·이찬화)에게 통치를 맡겼다. 동란국은 후고려인들의 강력한 저항으로 인해 불과 2년 뒤 랴오허 유역 랴오양으로 천도해야 했다. 후고려 정복 직후 후고려 중심지 통치를 포기한 것이다. 그만큼 후고려의 멸망은 급작스런 일이었다. 『요사(遼史)』에 의하면, 랴오둥으로 이주당한 후고려인은 9만 4000여 호라 한다. 40~50만 명에 가까운 숫자다. 이들은 260여년 이상 더 '후고려인(발해인)' 정체성을 유지했다. 흑수말갈 완안부 주축의 금나라가 1126년 화베이(華北)를 점령하고 난 다음 랴오둥의 후고려

(발해) 공동체인들을 산둥반도로 다시 강제 이주시켰다. 이로써 후고려 공동체는 소멸되었다. 후고려 멸망 후에도 옛 땅에 남은 자들은 거란에 대항, 부흥운동을 일으켰다. 거란군이 지름길인 거란도(契丹道)를 통해 상경 홀한성을 습격하는 바람에 큰 손실 없이 세력을 유지할 수 있었던, 압록강 중류를 주요 근거지로 한 오씨(烏氏)의 정안국(928~986)이 대표적이다. 후고려 멸망을 전후하여 대광현, 대화균, 박승을 비롯한 후고려인 10만여 명이 고려에 망명(내투·來投)했다.

후고려인, 후삼국 통일에 기여하다

신라도 9세기 초 이후 위기에 처했다. 나물마리칸계에 밀린 무열왕계 김헌창이 822년 3월 웅주(공주)에서 거병했다가 진압 당했다. 왕권 불안정은 신라의 혼란을 가중시켰다. 군진(軍鎭)을 근거로 한 호족세력이 발호했다. 청해진(완도), 당성진(화성 남양), 혈구진(강화), 패강진(평산 또는 은율)이 대표적이다. 신라 군진들은 당 번진(藩鎭), 일본, 후고려 등과의 교역 등을 통해 세력을 키웠다. 청해진 대사 장보고(활보-궁복-장보고)는 신라 국왕 즉위와 폐위에도 관여했다. 신라 해적이 일본과 중국 해안을 약탈했다. 해적 선단을 지휘한 대표적 인물이 '현춘'인데, 현춘은 894년(진성여왕 8년) 함선 100척에 2500명의 병력을 태워 쓰시마 등을 침공했다. 후기 신라시대의 혼란한 상황에서 신라군 지휘관 출신 진훤(견훤)은 900년 '백제'(후백제)를 세웠으며, 방계 왕족 출신 김궁예는 901년 송악(개성)에서 '고려'(마진, 태봉으로 개칭)를 세웠다. 918년 김궁예의 부장 왕건이 김궁예를 축출하고 국명을 다시 '고려'라 했다. 고구려계 해상세력으로 추정되는 왕건(왕건은 이름으로, 나중 이름의 앞 글자 '왕'을 성으로 삼았다. 왕건의 아버지는 용건, 할아버지는 작제건이다) 일족은 경기만 일대 군진세력과 긴밀한 연계를 갖고 있었다. 936년 고려와 후백제 간 최후의 일리천(선산) 전투에서 왕건의 부장 유검필(庾黔弼) 휘하 1만여 기병부대는 후고려의 통치를 받던 흑수말갈과 함께 투르크계 철륵(Töles) 출신이 주축이었다. 고려가 후삼국을 통일할 수 있었던 이유 중 하나는 후고려 유민 상당수가 고려군에 편입되었기 때문이다. 927년 대구 팔공산 전투에서 후백제군에게 대패했던 고려군은 유검필 주도로 후고려 유민들을 대거 흡수한 다음 벌어진 930년 고창(안동) 전투와 934년 가을 운주성(홍성) 전투에서는 크게 승리했다. 운주성 전투 후 후백제 지도층의 내분이 격화되었다. 후백제 내분은 완산(전주)파와 무진주(광주)파간 대립의 결과라는 설이 있다. 운주성 전투 불과 6개월 후 태자 진신검과 실력자 능환이 정변을 일으켜 진훤을 금산사로 축출·유폐했다. 후고려 유민들은 11세기 고려가 거란과의 전쟁에서 승리하는 데도 크게 기여했다.

고구려와 백제의 멸망,

선혈로 물든 백강(白江) 하구

소극적 대외정책이 망국으로 이어지다

고구려는 수·당이 교체되는 내란시기(615~625)에 4세기 흉노(전조)와 선비(전연, 후연, 북위, 북주, 북제, 수, 당 등)나 5대 10국 시대 투르크계 사타(후당, 후진, 후한), 이후의 거란(요), 여진(금), 몽골(원), 만주(청) 등과 달리 중원으로 진출하지 못했다. 허베이(河北) 포함 관동은 고구려와 접했고, 거란과 돌궐, 예맥, 말갈 등 북방민족 숫자도 많았으며, 산둥반도는 고구려 해군력으로 통제 가능한 범위 내에 있었다. 고구려는 모용선비 전연(前燕)과 달리 쑹화강(승가리 울라) 유역과 랴오허-압록강-두만강-대동강 유역이라는 튼튼한 후방기지도 갖고 있었다. 고구려가 수나라와의 장기 전쟁으로 인해 크게 고통 받았고, 남쪽의 백제, 신라에 대한 반격이 긴요했다 해도 수·당 교체기에 중원 동향을 수수방관한 것은 큰 실책이었다. 고구려는 중국 내전에 개입함으로써, △고구려와 △중국 △몽골고원 유목국가 간 정족지세(鼎足之勢)의 세력균형(Balance of Power)을 만들어 냈어야 했다. 당이 부흥한 이후의 천리장성 구축과 642년 10월 연개소문의 반란에 이은 영류왕 시해는 버스 지나간 뒤 손 흔드는 격이었다. 압록강 유역 산악지대 국내성에서 평야지대 평양으로 수도를 이전한 후 한족이 이식한 낙랑문화의 안락함에 젖어 야성을 잃어가던 고구려는 중국 내전 동향을 수수방관하다가 선비족 국가 당(唐)의 소모전에 놀아났다. 신라와 당은 백제를 멸망시킨 5년 후인 668년 연개소문 사후 그의 아들들 간 권력투쟁과 내란에 처한 고구려의 수도 평양성을 점령하고, 700년 역사의 고구려를 끝장냈다.

멸망 위기에 몰린 신라

백제 의자왕은 즉위한 641년부터 고구려, 왜와의 관계를 한층 더 강화하는 한편, 신라(선덕여왕)의 서부를 집중 공격했다. 백제의 공세는 상당한 성과를 내었다. 백제는 소백산맥 이동으로 치고 들어갔다. 백제는 남한강, 낙동강, 섬진강 유역 등에 위치한 신라의 40여개 성을 빼앗았다. 신라는 수세에 몰렸다. 고구려는 남부 전선에서 풀려나 서북쪽 당과의 국경 방어에 집중할 수 있게 되었다. 의자왕은 642년 8월 부여윤충에게 1만 병력을 주어 신라의 서부 요충지 대야성(합천)을 점령케 했다. 백제군은 왕족 김춘추(무열왕)의 딸과 사위를 죽였다. 백제는 멸망할 때까지 대야성을 빼앗기지 않았다. 대야성 함락으로 인해 신라는 낙동강 서안(西岸) 대부분을 백제에게 점령당했다. 신라는 낙동강 동안 압량주(경산)에 최후의 방어선을 쳤다. 경산에서 서라벌(경주)까지의 거리는 50㎞에 지나지 않는다. 신라는 고구려에게도 입박받아 동해안 국경이 하슬라(강릉)까지 축소되었다. ①나물마리칸(재위 356~402년) 시기인 400년경 왜와 금관가야의 침공, ②소지마리칸 시기인 481년 고구려의 침공에 이어 세 번째로 신라는 다시 한번 멸망 위기로 내몰렸다. 신라는 김춘추를 왜와 고구려에 보내 군사지원을 간청하는 한편, 관산성 전투의 영웅 김무력의 손자 김유신을 압량주 군사령관에 임명하는 등 전열을 재정비했다. 왜와 고구려가 군사지원을 거부하자 신라는 당(唐)에 매달렸다. 한편, 당은 태종 이세민(大野世民)이 친정한 645년 고구려 침공전에서 패했다. 고구려(연개소문)는 몽골고원의 투르크계 설연타를 설득, 배후에서 당군(唐軍)을 공격하게 했다.

한국의 기원을 찾아서

당군은 이세민이 직접 지휘한 안시성 전투 패배에 이어 설연타 군의 남하 움직임으로 인해 후퇴할 수밖에 없었다. 고구려는 이후 평양에서 5000㎞ 이상 떨어진 중앙아시아 소그드왕국의 수도 아프로시압(사마르칸드 교외)에 사신을 파견, 바르후만 왕과 당(唐)에 대한 공동 대응 방안을 논의했다.

백제의 멸망

당나라는 646년 설연타에 이어 657년에는 소그드왕국의 종주국 서돌궐(西突厥)을 복속시켜 북방의 위협을 제거했다. 노장 소열(소정방, 592~667) 등이 서돌궐 수도 수야브(키르키즈 토크마크시 근처)를 점령했다. 당(고종)은 659년 소열을 백제와 신라 모두를 관할하는 웅진·계림대총관에 임명하는 등 백제와 신라 모두를 멸망시키고 난 다음 서북쪽 다링허-랴오허, 남쪽의 한강 2개 전선에서 고구려를 재침하기로 결정했다. 당나라의 속마음은 고구려 포함 당나라 중심 국제질서에 복종하지 않는 인근 모든 국가를 정복하는 것이었다. 하지만, 겉으로는 신라를 도와 백제를 공벌(攻伐)하겠다고 선언했다. 백제(의자왕)는 당-신라 동맹 강화와 당의 강력한 고구려 정복 의지, 당의 설연타, 서돌궐 정복 등 국제정세 변화에 둔감했다. 의자왕 집권 후반기인 655년 선대 무왕의 후비(後妃) 사택(사탁)왕후 서거 이후 벌어진 사택왕후의 친아들 부여교기가 포함된 대규모 정적 숙청*은 백제의 내부 분열로 이어졌다. 부여 성충과 부여흥수 등 중신들도 숙청당했다. (*부여교기 등 방계 왕족, 귀족 숙청이 642년에 이루어졌다는 설도 있다.) 백제는 해군력 증강도 등한시했다. 백제는 660년 6월 13만 대군을 태운 당나라 함선 1900여 척이 산둥반도 룽청에서 출발, 서해를 가로질러 항해하여 경기만까지 남하, 영접 나온 김법민(문무왕)의 신라 함선 100여 척과 함께 덕적도에 20여 일이나 머물렀는데도 고구려 정복을 준비하는 줄로만 알았다. 백제는 국가통합도 제대로 되어 있지 않았다. 충청과 전북 지역 토착 마한계 및 소수 중국계 호족들은 전통 귀족 해씨와 진모씨, 우씨 등에게 권력을 잃을까봐 왕조 발상지인 한강 유역 탈환도 꺼려할 정도였다. 웅진(공주)을 근거로 한 8대 대성귀족의 하나인 백씨(苩氏)는 동성왕 말기-무령왕 초기 '백가(苩加)의 난(501~502)'을 계기로 몰락하여 중국계 예씨에게 자리를 내 주었다. 소열의 대함대는 그해 7월 금강 흐름을 타고 사비(부여)로 올라갔다. 그리고 황산벌(논산)에서 부여계백(총지휘관은 좌평 부여충상이었으나 부여충상은 패전 후 신라군에 사로잡혀 항복)의 결사대를 격파한 김유신의 신라군과 합세하여, 사비와 웅진(공주)을 빼앗고 의자왕의 항복을 받았다. 당나라군이 사비성 밖에 집결한 백제군을 격파하고, 사비성에 접근하자 의자왕은 일단 웅진성으로 도피했다. 의자왕은 『삼국지연의』에 소개된 '예형(禰衡)'의 후예라 하는 웅진성주 예군과 예식(진) 등으로부터 배신당해 항복으로 내몰렸다. 하지만, 사비-웅진 수도권을 제외한 지역의 지방 호족들은 군사력을 유지하고 있었다.

왜의 백제 부흥운동 지원

당군과 신라군의 횡포를 전해들은 두시원악(청양)과 주류성(주유성), 임존성 등 백제 전역에서 복국(復國) 운동이 일어났다. 무왕의 조카 귀실복신(鬼室福信), 승려 출신 도침, 장군 흑치상지와 지수신, 좌평 출신 정무 등이 부흥운동을 주도했다. 고구려는 부흥군을 도와주고자 660년 11월 임진강 유역 요충지인 신라의 칠중성(파주시 적성면)을 공격, 점령했다. 고구려는 이어 661년 초 한강 수계를 따라 남하하여 술천성(여주시 일대로 추정)과 북한산성을 공략하기도 했다. 백제 부흥군이 지원을 요청해 오자 국제정세를 파악하고 있던 왜는 난처했다. 660년 10월 귀실복신이 원병과 함께, 의자왕의 아들로 왜에 머물고 있던 부여풍의 귀국 지원을 요청했지만, 왜는 머뭇거렸다. 하지만, 백제가 완전히 멸망하고 나면, 당이 신라와 함께 왜를 침공할 수도 있다는 정보가 퍼졌다. 661년 8월 모친 사이메이(고교쿠) 여왕이 서거한 뒤 나카노오에는 즉위를 미루면서까지 부흥군 지원에 전력을 다했다. 특히, 백제계 귀족들이

열성을 보였다. 왜 조정은 후쿠오카 지역에 부흥군 지원을 위한 전진기지를 설치했다. 왜는 요청받은 지 1년이 다 된 661년 9월 왜왕 신하 자격의 부여풍에게 병선 170척과 5000명의 호위병을 붙여 귀국할 수 있게 해 주었다. 부흥군의 수도 주류성에 도착한 부여풍은 백제 장군들이 분노와 회한으로 눈물을 흘리는 가운데 백제 700년 역사에서 처음으로 왜왕의 '책봉'을 받는 형식으로 즉위했다. 풍왕(부여풍)의 백제 부흥군은 한때 웅진과 사비 주둔 당군을 포위할 만큼 기세를 올렸다. 신라군이 주류성을 공격했지만 참패했다. 하지만, 부흥군 지휘권을 놓고 귀실복신과 도침 간 갈등이 고조되었다. 661년 말 귀실복신이 도침을 살해했다. 독자파 귀실복신은 친왜파 풍왕의 권력을 빼앗고자 했다. 부흥군 세력 간 내분을 틈 탄 당군과 신라군이 대전 일대를 점령하여 신라 영토와 웅진·사비 간 보급로를 열었다. 왜는 662년 1월 부흥군에게 화살 10만 개와 곡식 종자 3000석을 원조했으며, 2개월 뒤인 3월 피륙 300단을 추가로 보냈다. 왜가 부흥군 지원에 매우 적극적이었던 데는 662년 1월 고구려(연개소문)가 평양 부근 사수(蛇水)에서 당 10만 대군을 전멸시키고, 2월에는 평양 근처에 고립된 소열 군단이 신라군으로부터 군량 지원을 받은 후에야 간신히 퇴각할 수 있었던 것도 영향을 미쳤다. 663년 3월 카미츠케노 노키미 등이 지휘한 27000명 규모의 왜군이 2차로 출병했다.

그해 6월 왜 선봉부대가 낙동강 지류를 거슬러 올라가 경상도 지역 신라 2개성을 점령하고, 경주(서라벌) 부근까지 진격했다가 후퇴했다. 양동작전의 일환이었다.

백강 전투의 처음과 끝

왜국은 그해 8월 3차로 이오하라노키미가 지휘하는 병력 1만을 추가 파병했다. 부흥군 지원을 위해 파견된 왜군은 4만여 명에 달했다. 탐라국 선단도 가세했다. 하지만, 백제 부흥군 내 귀실복신과 풍왕 간 갈등이 폭발했다. 귀실복신은 독자노선을, 풍왕은 친왜노선(親倭路線)을 대표했다. 풍왕이 663년 6월 귀실복신을 살해했다. 부흥군 내부에 혼란이 일어났음을 파악한 신라는 출병을 서둘렀다. 663년 8월 문무왕과 김유신 등이 지휘한 신라 육군 수만 명과 2만여 명의 병사를 태운 큰 배 위주의 당 함선 170여척이 해륙 협공으로 주류성 방향으로 진격했다. 부흥군 기병이 왜군이 상륙할 교두보를 확보하기 위해 신라 기병과 맞섰으나 패했다. 1000여 척 함선에 탑승한 수만 명의 왜 병사들이 백강변에 상륙할 수 없게 되었다. 이를 만회하기 위해 왜 함대는 셋으로 나누어 당 함대를 공격했지만, △함선의 기능 차이와 △기상 조건 악화 △간조(干潮) 시간 차 등으로 인해 수적으로 우세했음에도 불구하고, 네 번 모두 패했다. 왜 함선 400여 척이 불타고, 1만여 명이 전사했다. 사서는 "연기와 불꽃이 하늘을 붉게 물들였고, 바닷물마저 핏빛이 되었다."고 묘사한다. 에치노는 당군 병사 수십 명을 죽이며 분전했지만 끝내 전사했고, 북큐슈의 호족(豪族) 치쿠시노키미는 당군에 잡혀가 8년간 억류됐다가 귀국했다. 탐라군 지휘관도 항복했다. 탐라는 663년 백제 멸망 이후 상당기간 왕-왕자-좌평으로 이어지는 통치 시스템을 구축, 운용하는 등 독립국 지위를 누렸다. 풍왕은 고구려로 달아나고, 살아남은 왜 함대는 백제 유민들을 태우고 나·당 연합군에 쫓기면서 도주했다. 백강 해전은 백제의 멸망을 결정지었다는 점에서 로마와 카르타고 간 B.C 260년 벌어진 '밀레 해전'이나 로마-안토니우스·이집트 연합군 간 B.C 31년 벌어진 '악티움 해전'에 비견된다. 9월초 주류성의 부흥군이 항복했다. 부흥군 세력이 멸망한 이후에도, 동성왕 재위기인 501년 위사좌평 백가(苩加)에 의해 축조된 부여 성흥산의 가림성만은 672년까지도 함락되지 않고 버티고 있었다. 『일본서기』에는 백강 해전 패배 후 백제계 관료들이 '더 이상 조상의 묘에 참배할 수 없게 되었다.'고 한탄했다는 기록이 나온다. 왜는 당과 신라의 침공에 대비하여 쓰시마와 북큐수, 세토나이카이(瀨浩內海) 연안에 백제식 성을 쌓았다. 한반도에서 완전히 철수한 왜국은 신라의 대(對)당나라 전쟁 시기에는 변화된 국제정치 현실을 받아들이고 신라와 우호관계를 맺었다. 한편, 당나라 두우가 지은 『통전(通典)』백제전은 백제 멸망 후 '(웅진도독부가 옮겨갔던 랴오둥 건안성의) 백제 유민들이 결국 돌궐(후돌궐제국)과 말갈(발해, 곧 후고려)로 흩어져 투항하고, 웅진도독 부여숭은 고국 백제로 돌아가지 못했다.'라고 기술하고 있다. 백제 유민 관련 『통전』 기술이 왜곡, 확대 해석되어 대륙백제 근거의 하나로 이용되기도 한다.

백제와 왜의 관계

백제(그리고 가야)와 왜는 영국-미국 간 관계처럼 백제(와 특히 금관가야)가 왜의 발전에 영향을 미쳤다가 5세기 웅진·사비 시대 이후, 세력을 강화해온 왜가 백제보다 더 강해져 거꾸로 왜가 백제에 상당한 정치·군사적 영향을 미친 것으로 보인다. 왜가 7세기 말~8세기 초 정식 국명으로 채택한 '일본(日本)'도 원래는 백제의 여러 국명 중 하나였다. 한성시대 아화왕, 전지왕과 웅진시대 동성왕, 무령왕, 그리고 사비시대 풍왕은 일본열도에 거주하다가 왜병의 호위 하에 귀국, 즉위했다. 아화왕과 전지왕, 동성왕, 무령왕은 왕의 대리인으로 왜에 체류했지만, 풍왕은 인질로 왜에 머물렀다. 백제가 왜보다 더 강력했다는 증거도 많다. 중국은 4세기 말 이후 7세기까지 남북조(南北朝)로 분열되어 있었는데, 송(宋)과 제(齊), 량(梁) 등 남조 왕조들은 백제왕에게는 진동장군, 왜왕에게는 진동장군보다 2등급 낮은 안동장군직을 제수했다. 6세기 화베이의 선비족 왕조 북제(北齊)는 위덕왕에게 『삼국지연의』에도 나타난 최고위 군직의 하나인 '거기장군(車騎將軍)'을 제수했다. 그리고 왜는 백제 멸망시기 이전에도 백제에 원병을 파견했으며, 왜군은 백제 장군의 지휘를 받아가면서 백제군과 함께 고구려(대방, 백합야) 또는 신라(관산성)와 싸웠다. 만약 왜가 백제보다 더 강했거나 백제를 지배했다면, 오늘날 주한 미군사령관이 한미연합사 사령관을 맡고 있는 것처럼 왜의 장군이 사령관으로서 백제-왜 연합군을 지휘했을 것이다. 무왕 재위시기처럼 백제와 왜가 갈등, 대립한 사례보다는 협력한 사례가 훨씬 더 많이 나온다. 백제와 왜는 특수한 관계에 있었다는 것을 뜻한다. 백제가 한반도에만 있었다는 다수설에 따를 경우 사비시대 백제 영토는 3~4만㎢, 왜 영토는 16만㎢ 정도로 추산된다. 인구는 백제가 왜의 1/3 정도였을 것이다. 선진국 백제는 한성시대와 웅진-사비시대 상당기간 후진국 왜에 정치·사회·문화적 영향력을 행사했던 것으로 보인다.

　　　　　　　　　　　　　한국의 기원을 찾아서

제국(帝國)으로 가는

길을 잃은 고구려

* '부여(扶餘)', '사택(沙吒)' '관구(毌丘)', '사마(司馬)' 같은 복성(複姓)은
   성과 이름 구분을 위해 시작할 때만 성과 이름을 분리, 표기한다.

고구려, 후고려, 고려

우리 역사에서 국호를 '고려'라 한 나라는 ①장수왕 이후의
고구려, ②대조영이 세운 발해, ③8세기경~9세기 초 랴오둥(遼
東)의 고구려 유민이 세운 나라, ④김궁예가 세운 나라, 그리고
⑤왕건이 세운 '고려'이다. 이 5개의 '고려'를 구분하고, 혼동을
피하기 위해 ①장수왕 이후 '고려'도 그대로 고구려, ②발해는
후(後)고려, ③고구려 유민이 세운 나라는 소고구려, ④김궁예의
고려는 후고구려, ⑤왕건이 세운 나라는 그대로 고려라 칭한다.

한국의 기원을 찾아서

고구려 서북 국경의 풍운

투르코-몽골계 탁발선비가 세운 화베이(華北)의 북위(北魏)가 '육진(六鎭)의 난' 등 내란상태에 처해있던 531년 노령의 고구려 군주 안장왕이 반대파 귀족세력에 의해 시해 당했다(자연사했을 것이라는 설도 있다). 안장왕은 한강 유역과 다링허 유역 양측으로 영토를 넓히는데 성공한 군주였다. 안장왕을 계승한 동생 안원왕도 545년 외척 추군(麤君)과 세군(細君) 세력 간 내전 상황에서 붕어(아마도 시해?)했다. 안원왕을 계승한 아들 양원왕은 내적으로는 귀족세력, 외적으로는 △몽골고원의 돌궐제국과 △화베이 동부의 북제(北齊), △나·제(羅濟) 동맹의 압박에 시달리다가 랴오허(遼河)의 서북쪽 지류인 시라무렌(潢水) 유역과 한강 유역 일부마저 상실하고 말았다. 고구려는 이후 평원왕-영양왕 시대에 온달과 을지문덕 등 신흥세력의 활약으로 화베이를 통일한 우문선비족의 나라 북주(北周)와 북주를 계승한 호한융합(선비족과 한족 융합) 수나라의 공세를 극복해냈다. 그리고 신라로부터 남옥저·동예 지역과 영동(嶺東), 한강 유역 일부도 탈환하는데 성공했다. 서북쪽으로도 공세를 취해 시라무렌 유역 일대를 되찾았다. 양원왕의 손자인 영양왕 시대 고구려의 영토는 동서 6000리(2400㎞)에 달했다. 하지만, 대규모 전쟁을 연달아 치르면서 군권을 쥐게 된 귀족세력이 왕권을 능가하게 되었다. 642년 동부 출신 대대로(大對盧·

대막리지) 연개소문은 당나라에 굴종하는 태도를 취한 영류왕
(고건무)이 자신을 숙청하려하자 반란을 일으켜 왕을 시해했
다. △안장왕 시해, △추군~세군 내전, △영류왕 시해 등 고구
려의 내정 위기는 427년 장수왕의 평양(또는 양평, 곧 랴오양)
천도와 밀접하게 관련 있다. 평양 천도는 고구려 권력 엘리트
간 내전의 불씨를 잉태한 위험한 프로젝트였다.

평양 천도의 부작용

정복군주 광개토대왕의 아들 장수왕은 420년경 국호를 '고
려'로 바꾸고, 427년 수도를 서압록강 유역 골짜기 국내성에
서 대동강 유역 개활지 평양으로 옮겼다. 장수왕이 천도한 '평
양'이 대동강 유역 평양이 아니라, 랴오허 유역 랴오양(양평)이
라는 소수설도 있다. 고구려의 국제 위상이 가장 높았던 때가
장수왕 시기이다. 고구려는 436년 다링허 너머 랴오시(遼西)
의 용성(영주·차오양)까지 진군, 모용선비 후연의 잔존세력인
풍홍의 북연(北燕)을 흡수했다. 438년에는 중국 강남의 송(劉
宋)이 북연 세력 수용을 위해 바닷길을 통해 랴오둥(遼東)으로
보낸 군대를 격파했다. 고구려는 475년 백제 수도 한성을 점령
하고 개혁군주 개로왕(蓋鹵王)을 참살했다. 개로왕의 아들 문
주왕은 신라, 가야, 왜의 지원을 받아 고구려의 대공세를 간신
히 저지하고, 곰나루(웅진)로 천도하여 국가 생존을 도모했다.

고구려군은 문주왕을 추격하여 웅진(공주)에서 불과 24㎞ 떨어진 세종-대전 지역까지 남하했다. 고구려군은 더 남하하여 일시적으로 아모(전북 남원시 아영면)에도 출몰했다. 고구려는 남한강 수로를 따라 내려가 충주, 단양, 원주 등 남한강 유역도 확고히 장악했다. 왜의 출항까지 막을 정도로 왜에 대한 압박도 강화했다. 그리고 소백산맥의 조령(鳥嶺)-죽령(竹嶺) 너머 경북 일부까지 점령하고, 신라를 속국으로 만들었다. 고구려군은 심지어 일부 경남지역에서도 활동했다. 고구려는 479년 동몽골 일부(지두우)를 장악했다(동몽골에서 고구려성 유적 발견). 고구려는 거란과 실위, 말갈족 거주 지역 대부분도 영향권에 넣었다. 고구려(장수왕)는 저항하는 신라(눌지마리칸 이후)를 아예 점령하고자 481년 동해안을 따라 남진, 신라의 수도 경주 코앞에 위치한 포항까지 진격했다. 장수왕은 강력한 국력을 배경으로 능수능란한 외교를 벌여 고구려를 △몽골고원의 혼혈 선비족 유연(柔然) △중원의 탁발선비 북위(北魏) △강남의 송(제)과 함께 동아시아 4강의 하나로 자리 잡게 했다. 하지만, 장수왕 치세는 위기의 연속이었다. 기개 넘치던 고구려 귀족들이 난숙한 낙랑문화(樂浪文化)에 중독되어 야성과 기개를 잃어간 것은 큰 손실이었다. 중앙집권 등 왕권 강화 조치가 야기한 귀족세력과의 분쟁, 수도 이전이 초래한 국내성과 평양성 세력 간 대립, 나·제 동맹의 도전 등 안정과 혼란이 반복되었다. 장수왕은 추모왕과 유리왕, 대무신왕 포함 역대 왕들을 천손(天孫)으로 정의하고, 계루부 고씨(해씨) 왕실의 신성화를 시도했다. 소외된 왕족, 귀족들의 반발은 필연적이었다. 백제 개로왕은 북위에 보낸 외교문서에서 장수왕이 귀족들을 대거 숙청·살해하여 '어육(魚肉)'으로 만들었다고 써 놓았다. 장수왕이 단행한 피의 숙청으로 인해 방계 왕족 포함 귀족 일부는 적국 탁발선비족 북위(北魏)로까지 망명했다. 장수왕에게는 태자 고공과 왕자 고조다 등 여러 아들이 있었다. 장수왕보다 그의 아들들이 일찍 죽은 탓에 고조다의 아들 나운(문자왕)이 장수왕을 계승했다. 장수왕 반대파가 고공과 고조다를 시해했을 것이라는 추측도 있다. 장수왕같이 매우 오래 살고, 국정의 성과가 있었으며, 카리스마도 강한 왕이 집권하고 있을 동안에는 국내성파를 억누를 수 있었겠지만, 손자 문자왕과 증손자 안장왕은 국내성파와 평양성파 간 갈등을 제어하기가 쉽지 않았을 것이다. 고구려의 평양 천도는 북위가 1차로 지배부족인 탁발선비 내부 성락(후호하오터)파와 평성(따퉁·大同)파 간 대립, 평성에서 뤄양으로 천도한 이후에는 선비족 전통세력과 한화파(漢化派) 간 대립으로 인해 약화, 멸망하고만 사례와도 비견된다. 여진(금)과 몽골(원)도 수도를 유목(카라코룸)이나 삼림(회령·야청) 지대에서 난숙한 문화의 농경지역으로 옮기고 난 뒤 야성과 상무정신을 바탕으로 한 군사력이 약화되어 일찍 멸망하고 말았다.

북위(北魏) 내란과 고구려

북위는 지배 선비족과 피지배 한족 간 뿌리 깊은 갈등을 해소해야 했다. 효문제 탁발 굉은 체제 안정을 위해 강제로 지배 민족인 선비족의 한화(漢化)를 추진했다. 선비족은 민족적 우월감이 높은 민족이었다. 선비 귀족들은 한족과의 통혼(通婚)을 거부하기 일쑤였다. 그들 시각에서 한족은 노복하재(奴僕下材)였다. 효문제는 493년 수도를 산시성 평성(따퉁)에서 허난성 뤄양(洛陽)으로 옮겼다. 효문제의 한화 정책은 결국 북위라는 국가와 선비족의 비극으로 끝났다. 뤄양으로 수도를 옮긴 지 2년 후인 495년 선비 귀족 목태(丘穆陵泰)의 반란이 일어났다. 524년에는 북위 최초 수도인 네이멍구 성락 근처 옥야진 병사 파륙한발릉의 선동으로 화베이 전역이 내란 상태에 처하게 되는 '대란(大亂)'이 일어났다. 몽골고원 유목국가 유연의 남진 저지를 위해 설치한 무천진 포함 6진 전체로 반란이 확대되어 북위 전국이 혼란에 빠졌다. 6진의 난은 북위제국(北魏帝國)의 분열이라는 역류를 부르며, 화북을 혼란으로 몰고 갔다. 6진 반란군은 산시의 투르코-이란계통 갈족(羯族) 영민추장(領民酋長·자치권을 가진 소수민족 수령) 이주 영(爾朱 榮)이 이끄는 북위 관군과 북위 관군을 지원한 유연군에게 패했다.

이주영도 북위 조정 내 권력다툼 끝에 목숨을 잃었다. 519년~559년 간 중원에서는 금군(禁軍)의 난(519), 6진의 난(524), 갈영의 난(528), 동·서위 분열(535), 그리고 북주(서위의 후신)-북제(동위의 후신) 전쟁 등 난이 꼬리에 꼬리를 물었다. 당시 고구려가 중원으로 진출하지 못한 것은 고구려 또한 안장왕 말기-안원왕-양원왕 시기 난세였기 때문이다. 이 시기 고구려가 군사 개입 포함 중원 정세에 거의 영향을 미치지 못한 결과로 나타난 것이 선비족 통일국가 수(隋)의 고구려 침공이다.

백제에 밀린 고구려

고구려는 장수왕을 계승한 문자왕 통치 후반기 이후 동성왕~무령왕 치세 백제와의 전쟁에서 패해 한강-임진강 유역 일대를 상실했다. 동성왕 재위기인 490년(장수왕 79년) 백제는 북위(혹은 고구려?)가 보낸 수십만 대군을 격파했다. 동성왕은 영산강 유역에서 왜세력(倭勢力)을 거의 일소했으며, 탐라도 무릎 꿇린 용맹한 군주였다. 무령왕 시기에도 백제는 잇달아 고구려를 격파하고, 왜를 제압했으며, 진안고원과 운봉고원 일대를 재정복하고, 대가야와 안라가야 포함 낙동강 유역 가야 도시국가들에 대한 영향력도 확보했다. 무령왕은 백제가 다시 강국이 되었다(更爲强國)고 선포했다. 문자왕을 계승한 안장왕은 치세 중반 이후 백제로부터 고양(일산)을 포함한 한강 유역 일부를 탈환하고, 북위 영토인 다링허 중류 영주를 공격하는 등 고구려의 중흥을 이끌었다. 하지만, 거듭된 전쟁을 통해 군권을 쥐게 된 귀족세력은 더 강해졌다. 안장왕은 531년 반대파 귀족세력에게 시해(?) 당했다. 아우 안원왕이 즉위했다. 왕권은 더 약화되었다. 안원왕은 545년 벌어진, (국내성 출신?) 추군 세력과 (평양성 출신?) 세군 세력 간 왕위쟁탈전 와중에 붕어(시해 당?)했다. 승리한 추군 세력은 양원왕을 즉위시키고, 세군 세력 2000여 명을 처형했다. 양원왕 시대에도 고구려는 내우외환에 시달렸다. 귀족 세력은 고구려 2인자인 대대로가 되기 위해 평양 시내에서 사병을 동원, 전투를 벌이기도 했다. 551년 3월 가야군이 포함된 백제-신라 연합군이 한강을 넘어 북진해 왔다. 이 무렵 고구려와 우호관계를 유지해오던 몽골 고원의 혼혈선비족 국가 유연(柔然)이 투르크 계통 돌궐에 밀려 약화되면서 랴오허의 서북쪽 지류 시라무렌 방면에 긴장이 고조되었다. 백제에게 행운이 찾아왔다. 돌궐이 고구려에 공세를 취하자 성왕은 가야군을 아우른 백제군 단독으로라도 고구려의 수도 평양성까지 진격할 계획을 세웠다. 무한(Tumen) 가한의 돌궐(튀르키예의 기원)은 동진하여 고구려의 통제를 받던 시라무렌 유역 거란족 일부를 복속시켰다. 돌궐의 서북방 국경 공격 계획을 간파한 고구려(양원왕)는 후퇴할 수밖에 없었다. 고구려는 신라-백제·가야 연합군이 한강유역을 탈취해

간 551년 9월 장군 고흘(高紇)을 파견, 랴오허 유역 신성과 백암성을 공격해 온 돌궐군을 물리쳤다. 선비족 고환(高歡)이 세운 관동의 북제(北齊) 문선제(고양)는 552년 고구려(양원왕)에 사신을 보내어 동위(북제의 전신)-서위(북주의 전신) 전쟁 시기 고구려로 흘러들어간 유연계 주민들을 송환하라고 압박했다. 약체가 되어버린 고구려는 이에 굴복하여 유연계 주민 5000여 명을 북제로 돌려보낼 수밖에 없었다. 553년 7월 신라는 새로 획득한 한강유역 땅에 신주(新州)를 설치했다. 553년 10월 양원왕이 지휘한 고구려군은 성왕의 태자 부여창(위덕왕)이 이끈 백제-대가야-왜 연합군과의 백합야(김포로 추정) 전투에서 패배했다. 진퇴양난에 처한 고구려(양원왕)는 신라 (진흥왕)와 밀약을 맺을 수밖에 없었다. 이를 통해 고구려는 신라를 백제로부터 떼어놓는데 성공했다. 신라는 빈집털이 하듯 한강하류 일대로부터 (금강 유역 중심지로부터 고립되어 있던) 백제군을 몰아내었다.

백제, 신라, 가야의 운명을 결정한 관산성 전투

553년 늦가을부터 554년 7월까지 백제와 신라는 한반도 중남부의 패권을 놓고 소백산맥의 중앙부에 위치한 관산성(옥천)과 삼년산성(보은) 일대에서 건곤일척(乾坤一擲)의 대결을 벌였다. 충청도와 전북 기반 호족세력의 비협조(사택씨와 목협씨 등 신흥 귀족들은 한강 유역 탈환과 재개발로 인해 해씨, 진 모씨 등 남래(南來) 귀족들의 세력이 강화될 것을 우려했다)로 인해 한강 하류 일대 지배를 포기할 수밖에 없었던 백제(성왕)는 다수 호족들의 반대에도 불구하고, 553년 늦가을부터 부여 창 주도로 관산성(옥천) 일대에 군사력을 집중시켰다. 백제의 영향 아래 있던 가야가 8000여 명, 왜가 1000여 명의 원군을 파병했다. 성왕 스스로는 충남 금산을 기지로 하는 별도의 부 대를 이끌고 (충북) 영동 방면으로 진군했다. 백제의 군세는 총 3만 명이나 되었다. 백제는 신라의 본토 경북지방과 새 영토인 한강 중하류 지역을 연결하는 2개의 허브(Hub) 중 하나인 관 산성과 삼년산성 일대를 장악, 한강하류 지역을 본토로부터 분 리시킬 계획이었다. 신라(진흥왕, 김이사부)는 일단 현지 주둔 군과 함께 (각간) 우덕이 지휘하는, 인근 상주 주둔 부대로 하 여금 백제연합군의 대공세를 저지하게 하고, 경북지방과 한강 유역을 연결하는 또 다른 허브인 충주에 주둔하던 김거칠부군 으로 하여금 뒤를 받치게 했다. 부여창이 지휘한 백제군 본대 는 전투 초기에 우덕과 (이찬) 탐지 등이 이끄는 신라군을 격파 했다. 하지만, 고구려군과의 전투로 단련된 최정예 김거칠부군 이 합류하자 전투는 곧 교착 상태로 바뀌었다. 신라는 멸망한 금관가야 왕자 출신 김무력이 지휘하는 진천(?) 주둔 신주군(新 州軍)까지 동원하기로 했다. 신라는 밀약을 맺은 고구려(양원왕)군이 남하하지 않을 것임을 확신하여, 한강유역 관할 부대를 동원, 첩자로부터 파악한 성왕의 동선(動線)을 포착하여, 대부대를 매복시킨 끝에 소수의 병력만을 거느리고 부여창이 이끄는 본대로 가던 성왕을 기습하여 생포, 참살하는데 성공했다. 신라군(신주, 충주, 상주 주둔군)은 공세로 들어갔다. 554년 7월경에 벌어진 최종 전투는 백제연합군의 대패로 끝났다. 좌평 등 최고위 지휘관 포함 최소 1~2만 명이 전사한 이 전투의 결과 백제는 쇠약해지고, 대가야는 멸망의 길로 달려갔다.

성왕 이전 왕들인 동성왕과 무령왕 시대 백제는 수시로 북진, 고구려에 반격을 가했다. 성왕은 신라와의 동맹은 유지하면서도 바다건너 왜의 원군은 물론 속국 대가야, 아라가야 병력까지 동원하여, 고구려 영토를 계속 침탈함으로써 고구려의 견제를 받은 데다 신라에게도 배신당해 생명을 잃고, 국가안위까지 위태롭게 만들었다. 성왕 시기의 백제도 660년대 멸망기와 마찬가지로 외교에 실패했다. 백제는 관산성 전투를 계획하기에 앞서 고구려와의 관계를 확실하게 개선해 놓았어야 했다. 관산성 전투 직후인 554년 10월 고구려군이 백제의 웅천성(안성?)을 공격했으나 백제군에 패했다. 한편, 돌궐제국은 552년 (튀르키예 건국 기원) 유연을 멸망시킨 후 더 강해져 555년경 시라무렌(潢水) 유역 거란족 영역 대부분을 합병했다. 양원왕 재위기인 557년 10월 국내성의 귀족 간주리(干朱里)가 반란을 일으켰다. 양원왕 재위기는 동천왕, 고국원왕 재위기와 함께 고구려 최대 위기 시기였다. 반란 등 내정 불안과 함께 북서쪽에서는 북제와 돌궐, 남쪽에서는 백제와 대가야, 신라, 왜 세력의 공세가 거셌기 때문이다.

온달의 고구려군, 북주군을 격파하다

559년 평원왕이 양원왕의 뒤를 이었다. 577년 우문선비 북주(北周) 무제 우문 옹의 북제 정벌 시 다링허 유역 영주를 다스리던 북제 황족 고보녕은 투항을 거부했다. 북주군이 고보녕 군대를 공격했다. 우문옹이 지휘한 북주 대군이 고보녕의 근거지이던 다링허 유역 중심지 영주(營州·차오양)까지 쳐들어오자 고구려는 위협을 느꼈다. 평원왕이 파견한 부마(駙馬) 온달(Ondar)은 577년 랴오시 이산 전투에서 북주군을 격파했다. 고구려의 서북방면 국경 위기가 해소되었다. 고구려는 신라의 한강 유역 군사 활동에 대응할 여력을 갖게 되었다. 사서(史書) 묘사로 보아 온달은 광개토대왕 시대 이후 고구려에 복속된 유목부족 부리야트족(몽골계 오이라트의 일족으로 현재는 러시아 투바공화국 거주) 출신 신흥귀족으로 추측된다. 온달은 590년(영양왕 1년) 남한강 상류 지역인 아단성(단양) 전투에서 전사하기까지 돌궐과 북제, 북주 침공 시기 신라에게 빼앗겼던 한강 상류 지역을 탈환하는데 크게 기여했다.

선비계 고구려인 을지문덕

무천진 선비족 출신 보륙려(Pulüru·楊)씨가 북주(왕족: 우문씨)를 찬탈하여 세운 수나라의 양제는 612년 100만 대군을 동원, 고구려를 친정(親征)하기로 결심했다. 백제 무왕은 고구려와 수나라 사이를 끊임없이 저울질하다가 고구려로 기울었다. 수(隋)에게 패망한 강남 진(陳)나라 출신 래호아가 지휘한 해군은 산둥반도에서 출발, 랴오둥 반도를 향해 나아갔다. 압도적 규모의 수나라 해군은 고구려 해군으로부터 크게 저항받지 않고 계속 항진, 대동강 하구를 향해 노를 저었다. 하지만, 수 해군은 평양성 전투에서 고건무(영류왕)가 지휘한 고구려군에게 대패했다. 한족 출신 우중문(于仲文)과 선비족 출신 우문 술(破野頭 述)이 지휘한 육군 30만 별동대는 살수전투에서 을(울)지 문덕의 고구려군에게 학살당하다시피 참패했다. 고구려 정벌 실패 등으로 인해 수나라는 곧 멸망했다. 수의 고구려 침공은, 왜에서는 나카노오에(中大兄)로 대표되는 덴노가(天皇家)에 의한 외척 소가씨(蘇我氏) 제압과 국가통합 추진으로 나타났다. 한편, 고구려는 부여계를 중심으로 말갈, 선비, 선비의 후예 거란, 돌궐, 한족 등으로 이루어진 다민족 국가였다. 『삼국사기』에 '가족 배경이 알려져 있지 않았다'고 적힌 을지 문덕은 어느 민족(종족) 출신이었을까? 고구려 전통 귀족 출신이었을까? 그럼 왜 가계(家系)가 전혀 알려져 있지 않았

한국의 기원을 찾아서

을까? 580년 자행된 수 문제의 북주 황족 우문씨 친인척 숙청에 저항하여 봉기했다가 패전한 끝에 자결한 선비계 울지 형(蔚遲 逈, 516~580) 종족 일부가 고구려로 도피하여 을지(乙支·Yizhi)씨가 되었을 것이라는 설이 있다. '울지(Yuchi)'는 서역(신장) 샤카 계통 인도-이란계 호탄왕국 왕족 'Vijaya(비자야 또는 위자야: '승리'라는 뜻)'의 음차(音借)다. 비자야는 샤카계 힌두문화의 영향을 받은 인도, 스리랑카와 말레이지아, 인도네시아 등 동남아시아 지역에 자주 나타나는 인명 (또는 지명)이기도 하다. 울지씨는 선비화한 샤카 계통 인도-이란계라는 뜻이다. 샤카 계통 울지씨가 초원과 비단길 부근에서 벌어진 되풀이 된 전쟁 결과 선비족화하여 중국을 거쳐 고구려까지 유망해 온 것으로 보인다. 울지형의 손녀로 북주 선제 우문윤이 강탈하여 황후로 삼은 울지치번은 수려한 미모로 특히 이름이 높았다 한다. 울지씨가 샤카(塞·인도-이란) 계통이었기 때문이었을 것으로 보인다. 을지문덕 가계(家系)가 신장의 호탄왕국으로까지 거슬러 올라가는 울지형 가문과 얼마나 밀접한 관계에 있을까? 당태종 이세민의 부하로 활약하는 울지공(585~658, 울지경덕·蔚遲敬德)이 수 문제 양견의 북주 찬탈에 저항했다가 몰락한 울지형의 후손이다. 울지공 역시 눈이 깊숙이 들어간 서역인의 용모를 갖고 있었다 한다.

흉노 왕자 김일제(金日磾)의 후손,

경주 진입

흉노와 서한

기원전 121년 서한(전한) 곽거병 군대가 흉노제국 영토이던 중국 하서회랑(河西回廊)과 간쑤성-칭하이성 경계 치롄산(祁連山) 일대로 쳐 들어가 흉노군을 격파했다. 하서회랑을 통치하던 혼야왕은 흉노제국 통치자인 이치사 선우(單于, 흉노 등 투르크계 유목국가 황제라는 뜻으로 고구려 동천왕도 오나라 손권에 의해 '선우' 책봉을 받았다)의 문책이 두려워 투항에 반대하는 휴저왕을 죽이고, 서한에 투항했다. 곽거병은 혼야왕이 넘겨준 휴저왕의 왕비와 14세 왕자 등을 포로로 잡아 장안(시안)으로 끌고 갔다. 무제는 휴저왕이 '금으로 만든 사람 모형, 즉 금인(金人)'을 모시고 하늘에 제사를 지냈다는 것을 고려하여, 흉노 왕자에게 '김(金)'을 사성(賜姓)하고, '일제'라는 이름을 주었다. 김일제는 나중 군부 최고위직 중 하나인 거기장군까지 승진하고 투후(秅候)에 봉해졌다. 김일제는 산둥성 허저시(荷澤市) 진청(金城)을 도읍으로 제후국 투국을 세웠다. 무제는 오나라 손권처럼 말년에 노망이 나 위(衛) 황후를 자살하게 만들고, 황태자 유거 부부와 딸, 손자 등마저 죽음으로 내몰았다. 정변 상황에서도 신중함을 잃지 않았던 김일제는 기원전 87년 곽광, 상관 걸, 상홍양 등과 함께 무제의 후계자를 책임지는 '고명대신(顧命大臣)'이 되었다. 실력자가 된 것이다. 김일제의 후손은 서한시대에는 번성했으나, 1세기 초 왕망(王莽)이 서한을 찬탈, 신(新)나라를 세우는데 협조한 까닭에 동한(후한) 광무제에 의해 투국이 폐지되는 등 동한시대에는 쇠락했다.

문무왕릉비는 김씨 왕족의 선조가 흉노에서 유래했다고 말한다

7세기 말 세워진 신라 문무왕릉비에는 '투후제천지윤전칠엽이…(秅侯祭天之胤傳七葉以…), 십오대조성한왕(十五代祖星漢王), 강질원궁탄영산악조림(降質圓穹誕靈山岳肇臨)'이라는

구절이 있다. "투후 이래 7대를 이어갔으며, (문무왕의) 15대
조 성한왕(김세한이라 하며 김알지와 동일인으로 추정)은 신
령한 산(계림)에 바탕을 내리고, (신라 김씨 왕실의) 시조가 되
었다"는 뜻이다. 김씨 왕실은 흉노 왕자 김일제의 후손이라는
것이다. BC 2세기 말 조선 멸망 후 한반도로 이동해온 것으
로 보이는 '김수로(金首露: 김+쇠를 뜻하는 수로)'와 마찬가지
로 투르코-몽골계 언어로 보이는 '김알지(金·gold+금을 뜻하
는 알지〈알티〉)' 역시 동어(同語) 반복이다. '알타이(Altai) 산
맥'의 '알타이'는 투르코-몽골 계통 언어로 '금(金)'이라는 뜻이
다. 그리고 '박혁거세'의 '박(밝)'은 '혁(불·火)'과 같은 뜻이다.
동어 반복이다. 8세기 말에 세워진 것으로 보이는 '김공순(金
恭順) 신도비'도 김씨의 조상이 김일제라는 것을 간접 증언하
고 있다. 당나라 시기인 864년 시안(장안)에서 사망한 김씨 부
인(신라 출신 관료 김공량의 딸) 묘비명에도 김씨의 조상이 김
일제라고 쓰여 있다. 김씨 부인 묘지(墓誌)는 '서한이 덕을 드
러내지 않아 난리가 발생, 김씨들이 괴로움을 겪게 되자 랴오
둥(遼東)으로 달아나 숨어살게 되었다.'고 기록하고 있다. 김일
제의 후손들은 1세기 서한-신-동한이 교체되던 혼란기에 산
둥반도에서 출발, 한반도 해안을 따라 남하하여 후진 지역이
던 경주 일대에 유입된 것으로 보인다. 서해를 건너 대동강 유
역 낙랑으로 들어갔다가 나중 한강유역을 지나고 소백산맥을

한국의 기원을 찾아서

넘어 상주(사벌)를 거쳐 경주(서라벌)로 들어왔다는 설도 있다. 신라 김씨가 김일제의 후손이라는 근거는 아래와 같다. 반론도 있다.

① 문무왕의 아들 신문왕이 문무왕 비문에서 신라 김씨가 김일제의 후손이라고 밝혔다.
② 김알지 세력은 서한–신–동한이 교차하던 1세기경 경주 평야에 출현했다.
③ 4세기 이후 경주에 등장하기 시작한 돌무지덧널무덤(적석목곽분) 역시 스키타이(샤카)–흉노 계열 묘제(쿠르간)와 유사하다. 금관, 팔찌를 비롯한 신라의 금(金) 숭배 문화는 스키타이–흉노 계열로 해석된다. 신라 봉분에서 출토되는 로만 글라스는 신라가 실크로드로 상징되는 북방과 밀접한 관계를 갖고 있었다는 것을 말해준다.
④ 유독 신라에만 마리칸(마립간), 각간(각찬), 서불한(서발한, 쇠뿔한), 이벌찬(이벌간, 우벌찬), 이찬(이척찬), 잡찬(소판), 파진찬(해간, 파미간), 아찬(아척간), 일길찬(을길간), 사찬, 급벌찬 등 △간과 △찬, △한 등 투르코–몽골 계통 관직명이 집중되어 있다. 이벌찬은 투르코–몽골어 'Eber(뿔) Khan(추장·酋長)'의 음차로 서불한, 각간(角干), 각찬(角湌)과 동일한 뜻이다. 가한, 칸 명칭은 투르

코─몽골계 선비족이 몽골고원을 중심으로 세운 '유연(柔然)'이 4세기경 흉노 계통 '선우'를 대신하여 처음 사용한 것이다. '칸' 계통 관직 대부분은 김씨 일족이 세력을 확고히 한 4세기 이후 정립되었을 것으로 파악된다.

⑤ 초기 신라 유적에서 페르시아식 금제 칼과 마구(馬具) 포함 말 관련 유물이 많이 발견되었는데, 이는 스키타이─흉노를 통해 들어온 것이다.

⑥ 신라인 유골 DNA를 검사한 결과 스키타이 등 유라시아 요소가 발견되었다.

⑦ 4세기말 나물 마리칸 재위시기 화베이의 전진에 파견된 신라 사신 위두(衛頭)가 신라(해동)의 상황이 예전과는 확연히 달라졌다고 말했다.

반론과 재반박은 다음과 같다. 첫째, 김알지 세력이 경주에 나타난 때는 서한─신─동한 교체기인 1세기경이나, 흉노 양식이라는 돌무지덧널무덤의 등장은 4세기경이다. 4세기는 고구려 미천왕의 낙랑 정복(313년)과 관련 있다. 돌무지덧널무덤은 흉노 문화의 영향을 받은 낙랑 예맥계 유민들의 경주 유입 결과로 보인다. 반론: 김씨 출신 신라 최초의 왕 미추닛금(이사금)이 3세기 말(262~284) 재위했으므로 대형 돌무지덧널무덤은 4세기경에나 등장할 수밖에 없었다. 둘째, 7세기 말

삼국 통일 시기인 문무왕, 신문왕 시대 김씨 왕실이 중국문화를 숭배하는 모화사상(慕華思想)에 젖어 오제(五帝)의 하나인 순(舜) 임금과 함께 서한 고위관료 김일제를 조상으로 끌어들였을 것이다(통설). 전조(前趙, 漢)를 세운 남흉노 출신 유연이 서한 유계(유방)와 촉한 유비를 조상으로 끌어들였던 것처럼, 신라 김씨 왕족들도 가문의 위상을 높이기 위해 혈연적으로 아무 관계없는 서한 거기장군 김일제를 조상으로 끌어들였을 것이다. 반론: 오랑캐 무천진 선비족 출신 보륙여씨 수나라 황실이 한족 명문 '홍농(洪農) 양씨'를 자칭했던 것은 물론 같은 무천진 선비족 출신 대야씨 당나라 황실도 5호16국 시대 돈황 일대에서 후량(後凉)을 세운 한족 명문 '농서(隴西) 이씨' 후예라고 주장할 정도였다. 새외민족과 토착민족이 혼화되던 7세기 중국과 한반도 상황에 비추어 볼 때 신라 김씨 왕족이 한족 출신 왕족·귀족이 아니라 굳이 오랑캐인 흉노제국 왕자 출신을 직계 조상으로 끌어들일 이유가 없었다. 설령 신라 김씨 왕족의 조상이 김일제는 아니더라도 여러 정황 상 김씨가 고구려, 백제의 부여계와는 다른 계통의, 몽골-만주 지역을 원주지로 하는 북방계통인 것만은 확실하다. 한편, 신라 왕실을 구성한 박씨(朴氏)와 석씨(昔氏) 역시 2차 이주민들이었다. 박씨는 북방계, 석씨는 인도, 일본과도 관계있는 해양계로 보인다. 김알지가 한화(漢化)된 투르크계 흉노 출신이고, 북방계로 보이는 박혁거세와 일본열도에 1차 정착했다가 재이주한 인도계로 추측되는 석탈해도 2차 이주민 출신이라는 점에서 신라 골품제는 혹 종족적 차이에 기인했던 것은 아닐까? 부산 가덕도(BC 7000년 신석기)와 제천 황석리(BC 400년대 청동기), 정선 여량 아우라지(청동기) 등에서 유럽계 인골이 발굴된 사례가 있다. 신라는 예맥계와 숙신(말갈)계, 투르크계와 소수의 타밀계 등 다수 북방계와 소수 남방계 이주민들이 야요이계 원주민을 정복, 통합하여 성립한 나라로 판단된다. 나물마리칸(재위 356~402) 이후 김알지의 후손이 신라 왕권을 장악했다.

한반도 최후의 야요이계 국가 가야

4세기 말 이후 고구려가 백제와 신라, 야요이계가 주류를 이룬 가야, 그리고 왜 등 모두를 강하게 압박하자 낙동강 하류 금관(임나)가야가 약화되었다. 임나가야로부터 선진 기술을 흡수한 낙동강 중류 고령 중심 대가야(반파국)가 크게 성장했다. 그런데, '가야'라는 명칭 자체는 고려시대에 들어와 생겨났다. 당시에는 '가야'가 아니라 구야국(임나가야), 반파국(대가야), 탁순국 등으로 불렸다. 반파국, 즉 대가야는 5세기 경 소백산맥을 넘어 진안고원, 운봉고원 일대와 섬진강 하구(河口) 하동, (일시적으로) 광주, 정읍, 부안 등 영산강 유역 등으로까지 영향력을 확대했다. 대가야 하지한기(荷知旱岐)는 479년 중국 강남의 남제(南齊)에 직접 사신을 파견했다. 남제는 하지한기(칸·왕)에게 보국장군직을 제수했다. '한기'의 '한'은 우두머리, '기'는 '지'와 같이 '님'이라는 뜻으로 추측된다. 장수왕 치하 고구려는 신라가 눌지마리칸 재위기(417~458) 신라 주둔 고구려 병사를 살해하는 등 독립을 시도하자 신라에 군사 압박을 가했다. 장수왕 말기인 481년(신라 소지마리칸 시기) 고구려군은 동해안을 따라 포항까지 남진해 왔다. 포항에서 수도 경주까지는 20~30여㎞에 불과하다. 신라는 다시 한 번 멸망의 위기에 전율했다. 불과 6년 전인 475년 수도 한성이 무너지고, 국왕(개로왕)이 참살당한 백제와 함께 대가야도 원군을 파견했다. 신라-백제-대가야 연합군은 고구려군을 울진까지 밀어냈다. 이 무렵 백제계, 가야계(야요이인 또는 북방계와의 혼혈) 인사들의 왜 조정 진출이 더 활발해졌다. 켈트(갈리아), 로마(라틴), 게르만(앵글로·색슨), 노르만이 대거 이주했던 브리튼섬과 같이 일본열도도 신천지에 가까웠다.

가야 쟁탈전

장수왕을 계승한 문자왕(재위 491~519) 말기부터 고구려의 내·외정에 어려움이 가중되었다. 여기에다가 고구려는 중국 관동(關東)의 선비족 국가 북제(北齊·관동), 화베이를 통일한 북주(北周), 몽골고원의 신흥세력 돌궐(突厥)의 동진을 저지하고자 주력을 시라무렌(랴오허의 서북쪽 지류) 유역에 집중시킬 수밖에 없었다. 기회를 틈탄 백제(동성왕과 무령왕)는 한강 유역으로 북진하는 한편, 간접 통치하던 영산강 유역을 직할령으로 만들고, 전라도 동부 진안고원과 운봉고원 일대는 물론 모루와 대사, 상·하 다리 등 섬진강 유역 가야 7개 도시국가들도 정복했다. 안라가야(함안)는 백제의 속국이 되었다. 한편, 백제가 대가야의 유일한 대외 교류 창구인 섬진강 하구의 항구 대사진마저 빼앗자 백제의 거듭된 침공에 분노한 대가야 이뇌한기(異腦旱岐 또는 간기〈干岐〉)는 522년 신라 법흥왕과 결혼동맹을 맺었다. 신리(법흥왕)도 백제의 공세에 위기 느끼고 529년경 대가야 이뇌한기에게 왕족 여인을 출가시키고, 수백 명의 첩자를 파견하는 등 가야국가들에 대해 하이브리드(hybrid) 공세를 집중했다. 대가야는 신라의 공세에 위협을 느끼고 이번에는 백제에 접근했다. 백제는 나중 군대를 주둔시키는 등 대가야마저 속국화했다. 백제와 신라의 대대적 공세와 대가야의 불안정에 극도의 위기를 느낀 안라가야(함안)는 529년 백제의 후원과 다라가야(합천?) 등 여타 가야 소국들의 지지를 받아 백제, 신라, 왜, 가야 도시국가 대표들을 초청, 안라 국제평화회의를 주최했다. 안라 국제평화회의는 성과 없이 끝났다. 신라(법흥왕)는 같은 해 인접 국가인 탁기탄(양산)을

한국의 기원을 찾아서

점령했다. 백제(성왕)는 530년경 경남 중서부를 영토로 하던 안라가야 대부분을 점령했다. 신라(법흥왕)는 532년 김이사부로 하여금 임나가야(김해)를 정복하는 것으로 대응했다. 신라(법흥왕)는 538년 탁순국(창원)도 정복했다. 백제(성왕)는 웅진에 이어 각 541년과 544년 2차례 사비에서 왜 사신과 함께 대가야, 안라, 다라 포함 가야 소국 대표들을 소집, 금관(임나)가야와 탁순국 등 멸망당한 가야 소국 복국을 위한 (웅진, 사비) 국제회의를 주최했다. 웅진, 사비 국제회의도 별다른 성과 없이 끝났다. 6세기 중반은 북쪽의 고구려와 남쪽의 백제, 신라, 그리고 백제와 신라 사이 대가야와 안라가야 등 가야 국가들, 왜국 등이 물고 물리는, 외교와 전쟁이 혼재된 '질풍노도'의 시대였다. 고구려를 의식한 백제의 미지근한 대(對)신라 정책에 크게 실망한 안라가야는 548년 고구려에 밀사를 보내어 백제를 공격해 줄 것을 요청했다. 고구려군(동예 병력)이 고구려, 백제, 신라 국경이 접한 남한강 상류의 요충지 독산성(충북 동북부?)을 공격했지만, 신라의 원병으로 인해 실패로 끝났다. 백제(성왕)는 550년 1월 고구려로부터 도살성(충북 제천? 또는 증평?)을 탈환하는데 성공했다. 고구려는 반격을 가하여 그해 3월 백제의 금현성(진천?)을 빼앗았다. 이어 도살성도 포위했다. 신라가 원군을 파견하여 백제군과 함께 금현성을 다시 빼앗고, 도살성도 방어해 냈다. 금현성과 도살성은 (어쩔 수 없는 상황에 처한) 백제의 양해 하에 곧 신라의 손으로 넘어갔다. 나·제 동맹군에 밀린 고구려의 한강유역 방어선이 약화되었다. 고구려(양원왕)는 내정 위기에 더하여 관동의 선비족 국가 북제(北齊) 등의 공세로부터 랴오허-다링허 전선도 지켜내야 했다. 속국 대가야군을 아우른 백제군은 신라군과 함께 551년(성왕 29년, 진흥왕 12년) 북진하여, 백제는 양주와 서울 등 한강 중하류 일대를, 신라는 춘천, 인제 포함 한강 중상류 일대를 점령했다. 백제에게는 성왕 전기 무렵 고구려에게 다시 빼앗겼던 한강 하류 일대를 되찾는 쾌거였다. 성왕은 단독으로라도 고구려의 수도 평양을 공략할 계획까지 세웠다. 고구려가 존망의 위기에 처했다고 느낄 정도였다. 신라는 한강 유역으로 진출하는 과정에서 금관(임나)가야인들을 충주·단양·원주 등으로 사민(徙民, 피지배 집단의 주거지를 강제로 옮기는 것)시켜 처음에는 고구려, 나중에는 백제와의 전투 시 지원 부대로 활용했다. 금관가야 왕족 출신 김무력이 가야군단을 이끌었다. 내란 상황에서 벗어난 지 얼마 안 된데다가 신흥 돌궐과 북제의 간헐적 공세에 직면한 고구려(양원왕)는 개로왕의 복수를 시도하는 백제를 따돌리고, 신라와 밀약을 맺어 백제-신라 간 싸움을 붙였다. 신라는 실리를 취하기로 했다. 고구려는 한반도 중남부의 패권을 놓고 벌어진 신라 대(對) 백제-가야-왜 연합군 간 553년 늦가을부터 554년 7월 경까지

한국의 기원을 찾아서

의 관산성(옥천 일대) 전투를 전후하여 신라와 백제가 쟁투하는 틈을 이용, 주력을 서북부 국경에 집중시켜 돌궐의 침공에 대응할 수 있었다. 관산성 전투는 신라가 백제를 제압하고 한강 유역과 낙동강 유역 모두를 점유하게 되는, 우리 역사의 분수령을 이루는 결정적 전투였다.

신라의 가야 정복

관산성 전투 1년 뒤인 555년 신라군은 서진하여 비화가야(비자벌·창녕)를 점령했다(창녕순수비). 관산성 패전을 만회하고자 충남 금산을 탈환한 백제(위덕왕)의 동진을 저지할 수 있는 군사기지가 구축되었다. 신라는 이로부터 6년 뒤인 561년 안라가야의 항복을 받았다. 그로부터 몇 개월 뒤인 562년 김이사부(김이질부례지)와 김사다함이 이끄는 신라군이 대가야마저 정복했다. 대가야는 8000여 병력을 관산성 전투(553~554)에서 녹여 없애 신라의 공세를 저지할 힘이 없었다. 백제-왜 연합군의 필사적 지원도 대가야의 멸망을 막지 못했다. 신라군은 나중 소백산맥 너머 진안고원 일대까지 휩쓸었다.

가야와 왜의 관계

대가야(반파국) 시조는 이진아시((伊珍阿鼓), 일본(왜국) 신화의 창조신은 이자나기(伊邪那岐)이다. 이는 가야와 왜국 간 언어적 유사성과 함께 대가야 개국 신화와 일본 개국 신화의 연관성을 통해 대가야와 왜국의 사회문화적 친연성을 보여주는 좋은 사례이다. 가야는 야요이계에서 북방계로 넘어가는 단계에 있던 과도기 성읍국가였다. 삼국사기가 아닌 일본서기가 가야에 대해 상세히 기술한 것은 그 때문이다. 백제, 대가야와 밀접한 관계를 가진 왜국 왕 킨메이(欽明)는 대가야를 멸망시킨 신라에 대해 분노를 쏟아냈다. 대가야 왕족, 귀족 대부분은 언어가 통하는 일본열도로 도피하고, 잔여 백성 다수는 대(對)고구려 전선인 삼척·강릉과 충주 일대로 이주 당했다. 568년 김거칠부(김구례이사지우내사마리) 등이 지휘한 신라군은 삼척과 하슬라(강릉)를 넘어 동해안을 따라 북진, 함흥평야를 점령하고 개마고원으로 넘어가는 황초령과 마운령에 척경비(拓境碑)를 세웠다. 처음에는 대(對)북제, 나중에는 대(對)북주, 대(對)돌궐 전선인 서북부 시(西)랴오허 유역 방어를 더 중시한 고구려(평원왕)는 군사들로 하여금 우선 평양으로 이어지는 마식령(馬息嶺) 등 요충지를 지키게만 할 뿐이었다. 서북의 강국 돌궐과 북제(北齊), 나중에는 북주(北周)에다가 신라의 공세에 직면한 고구려(평원왕)는 570년부터 5년간 3차례에 걸쳐 왜국에 사신을 보내 신라의 공세에 함께 대처할 것을 제의했다. 신라의 금관가야와 비화가야, 안라가야, 대가야, 진안고원 일대 병탄으로 인해 백제는 신라에게 옆구리를 내어주는 형세로 내

한국의 기원을 찾아서

몰렸다. 한반도의 대표적 평야지대 한강과 낙동강 유역을 놓고 벌어진 신라와의 경쟁에서 대패한 백제는 무왕 시기와 의자왕 전반기의 도약에도 불구하고, 가야 성읍국가 대부분이 신라에게 정복된 지 불과 1세기 뒤 멸망한다. 백성과 땅을 상실한 국가가 약체화되는 것은 당연하다. 여기에다가 백제는 한성에서 공주로, 공주에서 부여로 2차례의 천도에 따른 지배세력 교체와 확대(해, 진모씨가 약화되고 사택씨, 연비씨, 목협씨, 국씨, 백씨 등이 대두)로 인해 부여씨 왕권이 상당히 미약해졌다. 무엇보다 군사지휘권이 통일되어 있지 못했다. 고구려와 백제의 수도 이전 사례를 통해서도 알 수 있듯이, 수도나 궁성 이전은 예나 지금이나 위험한 프로젝트다.

기마(騎馬) 북방계 민족의

농경(農耕) 야요이인(彌生人) 축출

기마민족의 남하

기원전 7세기 초-기원후 3세기경 동안 약 1,000년 간 '초원 (草原)의 길'의 패자(霸者) 흉노(주로 투르크계, 토하라계와 몽골계도 거주)와 오손(샤카계), 선비·오환(鮮卑·烏桓, 투르코-몽골계) 등 여러 부족으로부터 기마전투기술을 습득하고 세형동검(細型銅劍)으로 무장한 남시베리아-북만주 기원 한국인의 선조 조선인과 부여인, 부여계 백제인, 신라인 등 주로 예맥계(濊貊係)와 숙신계(말갈계)가 한반도 중남부로 남하하여, 그

한국의 기원을 찾아서

곳에 살던 청동기와 (부여 송국리) 벼농사 중심 야요이인(彌生人, 조몽인과 결합되어 왜인이 됨)을 정복했다. 야요이인 중 일부는 동화되고 나머지 수만~수십만 여 명은 수백 년간에 걸쳐 일본열도로 이주해 갔다. 송국리 선사시대 주민(야요이인)의 일본 이주에는 기후적 요인도 내포되어 있다. 일본열도로 이주한 야요이인은 토착 조몽인(繩文人)을 정복, 통합하여 1세기까지는 남큐슈와 오키나와, 7세기까지는 도쿄 지역까지 야요이화했다. 한편, 민족 이동과 이주에는 폭력과 전투, 전쟁이 수반될 수밖에 없다. 원주민과 켈트족, 로마인, 앵글로 색슨족, 주트족, 데인족 등 간 수많은 전투와 전쟁, 학살이 수반되었던 고대 영국 역사를 떠 올려 보면 쉽게 이해가 된다. 예맥계와 숙신(읍루)계의 이동, 남하 시에도 상호 갈등과 함께 수많은 전투, 살해 행위가 수반되었을 것이다.

한반도의 야요이 계통 지명

러시아 출신 미국 언어·문헌학자 보빈(Alexander Vovin)에 의하면, 기원전 7세기 초-기원후 3세기경 흉노와 오손, 선비·오환 등 유목민족들로부터 기마전투기술을 습득하고 선진 세형동검으로 무장한 남시베리아–북만주 기원 한국인 주류가 한반도 중남부로 남하하여, 그곳에 살던 야요이인(현대 일본인의 주류)을 정복, 동화시켰다고 한다. 『총·균·쇠(Guns,

Germs, and Steel)』의 저자 다이아몬드(Jared Diamond)도 보빈과 같은 견해를 갖고 있다. 다이아몬드는 한국인과 일본인 DNA 검사 결과를 인용하여 보빈의 주장을 뒷받침 했다. 그도 그럴 것이 한국인이나 일본인 모두 투르크계 등과 같이 시(西)랴오허 상류를 기원으로 하고 있기 때문이다. △기원전 3세기 초 중국 전국시대 연나라 장군 진개(秦開)의 (고)조선 등 동호 지역 침공 △기원전 194년 위만조선 성립과 준왕(準王) 세력의 남하 △기원전 107년 말 위만조선이 멸망한 것도 랴오허-다링허 유역에 거주하던 맥계인(貊係人)이 한반도 방면으로 대거 남하하는 주요한 계기가 되었다. 한국인의 주류는 만주에서 내려와 한반도 중북부를 거쳐 경기도와 강원(춘천, 원주) 일부→충청→전라→경북→경남 순서로 한반도 중남부의 야요이인을 정복, 동화시켰다. 야요이인들이 경북과 경남에 가장 늦게까지 남아있을 수 있었던 것은 태백산맥과 소백산맥이 천연장벽으로 작용하여, 전투마를 타고 내려온 북방계의 남진을 어느 정도 막아주었기 때문이다. 경기도 여주에서 분기(分岐)되는 중부내륙고속도로(경기 양평-경남 창원)를 달려보면, 특히 고대 세계에서 소백산맥은 충청과 영남을 단절시키는 커다란 장벽 역할을 했으리라는 것을 쉽게 알 수 있다. 이 때문에 고대 일본어라 할 수 있는 야요이어의 흔적은 평야지대 백제보다는, 산악지대로 북방 기마군단에 좀 더 장기간 버틸 수 있었던 지리적으로 폐쇄적인 신라(경북)나 가야(경남) 지역에 더 많이 남아 있다. 주로 남성으로 구성되고 말을 탄 북방계 인류는 세형동검으로 무장하고 내려와 야요이인 남성 다수를 살해하고, 여성은 아내로 취하여 북방계 우위 사회를 만들어 나갔을 것이다. 『삼국지』 위지 동이전이 특정 시점 한반도 서남부 마한(馬韓)과 한반도 동남부 진·변한(辰·弁韓) 언어가 서로 다르다 했던 것은 이 상황을 설명한 것이다. 특히 경남 사투리가 일본어와 유사하게 들리기도 하는 것은 이 때문이라는 것이다. △'아모'(고대 일본어로 어머니를 의미, 전북 남원) △'토라'(일본어로 호랑이를 의미, 상주 모동·모서) △탐라(일본어로 백성〈또는 밭〉+마을, 제주도) △'투라미티'(고대 일본어로 앞+도로, 경주 인근) 등의 지명과 △'우에(上)' 등의 단어가 소백산맥 주변 지역에서 쓰이는 한국어(사투리)에 남아 있다. 물론, 북큐슈와 긴기 등 일본열도에 진출했던 야요이인들이 나중 거꾸로 영산강 유역에까지 영향을 미쳤던 짧은 시기도 있었다. 신라 경덕왕 재위기(742~765) 한자음으로 바꾸기 이전 일부 지명에는 고대 일본어(야요이어)의 흔적이 남아 있을 수밖에 없다. 야요이인의 흔적은 언어뿐 아니라, 사천 늑도와 함께 김해 구산동과 회현동, 광주광역시 신창동, 울산광역시 달천 등에서 발굴된 토기 등 유적, 유물에서도 찾을 수 있다. 한반도 중남부에서 발견되는 주구묘나 주구묘에서 발전된 형태인 전방후원분에서도 야요이인의 흔적을 찾을 수 있다. 야요이인 일부는 한국인 선조에 의해 정복, 동화되고, 나머지 수만~수십만 여 명은 수백 년간에 걸쳐 일본열도로 이주했다. 일본열도로 이주한 야요이인들은 1세기까지는 남부 큐슈와 오키나와, 7세기까지는 도쿄 근처까지 야요이화했다. 야요이문화가 토착 조몽문화(繩文文化)를 대체해 나갔다. (야요이인이 조몽인에게 일정한 영향만 주었다는 소수설도 있다.)

사마의의 랴오둥 침공,
관구검의 고구려 침공이 민족 이동을 유발하다

조위(曹魏)의 장군 사마의의 랴오둥 공손씨 연(燕)나라 공략과 2차례에 걸친 관구검(毌丘儉)의 고구려 침공은 만주와 한반도는 물론, 큐슈와 혼슈를 포함한 일본열도에까지 큰 영향을 미쳤다. 큰 전쟁은 민족이동을 유발할 수밖에 없다. 다시 한번 예맥계와 숙신계, 선비계 등의 한반도 중남부 남하와 야요이인들의 일본열도 이동 물결이 잇달아 일어났다. 일본열도에서도 본격적인 정치조직이 태동하기 시작했다. 일본열도 북큐슈 일대의 유력 군장국가(君長國家) 야마타이국의 히미코(卑彌呼) 여왕은 사마의가 랴오둥을 침공한 238년, 유주(幽州)의 속군(屬郡) 대방(황해도 일대로 추정) 태수 유하에게 사신 난쇼마이를 파견했다. 난쇼마이는 유하의 도움으로 위나라 수도 뤄양까지 방문, 명제 조예를 방문했다. 240년 대방태수 궁준(왕준)은 히미코 여왕에게 제준을 답사로 파견했다. 북큐슈를 중심으로 야마토국(大倭國)이 발전해 나갔다(야마토국의 중심이 혼슈섬 기나이〈畿內〉라는 소수설도 있다). 한편, 조예의 위(魏)와 손권의 오(吳) 사이에서 줄타기 외교를 하던 고구려 동천왕은 사마의의 4만 위군(魏軍)에 의해 랴오둥 공손씨의 연(公孫燕)나라가 멸망당한 4년 뒤인 242년, 위나라가 연나라 침공전을 지원한 대가를 지불하지 않자 위나라 땅이 된 랴오둥의 요충지 서안평을 공격했으나 점령에 실패했다. 고구려의 선공에 자극받은 위나라 유주자사 관구검은 선비·오환과 부여인이 포함된 2만 연합군을 이끌고 244년과 245년 잇달아 고구려를 침공했다. 서전(緖戰)에서 잇달아 승리하여 위나라 연합군을 얕잡아 보게 된 동천왕은 5000기를 직접 지휘하여 방진(方陣)을 친 연합군을 공격했으나 병력 대부분을 잃고 말았다(비류수 전투). 위나라 연합군은 동천왕 부대를 구원하러 온 재상 명림 어수의 대군까지 섬멸했다. 위나라군은 기세를 타고 서압록강(비류수, 졸본천) 유역 고구려 수도 환도성을 점령했으며, 관구검은 현도태수 왕기를 보내 두만강 유역 북옥저(北沃沮)로 도망한 동천왕을 계속 추격했다. 관구검은 245년 낙랑태수 유무와 대방태수 왕준으로 하여금 고구려에 복속되어 있던 동해안의 동예도 공격케 했다. 백제 고이왕은 낙랑이

동예를 공격하는 틈을 타 장군 진(진모)충을 시켜 낙랑군을 습격하게 했다. 동천왕은 246년 밀우·뉴유(紐由)의 기책(奇策)으로 겨우 왕기의 위군(魏軍) 별동대를 물리치는 데 성공했다. 『삼국사기』 고구려 본기 동천왕조에 따르면 위나라 연합군은 '(대동강 유역에 있었다는) 낙랑을 통해 퇴각했다(遂自樂浪而退)' 한다. 위나라군이 침공로를 되돌아간 것이 아니라 일부러 먼 남쪽 길을 돌아 철군했다는 뜻이 된다. 고구려를 멸망시킬 생각을 가진 위나라가 서압록강 유역에 있던 고구려의 서남쪽 대동강 유역에 있었다는 낙랑군을 고구려 공격을 위한 발진(發進) 기지로 이용하지 않은 것도 이상하다. 낙랑군의 위치와 영역 관련 검토해볼만 하다. 고구려의 중심지 랴오닝성 동남부(환도성)를 공략하기 위해서는 서쪽 랴오허 유역뿐만 아니라, 남쪽 대동강 유역에서도 발진하여 협공하는 것이 군사적으로 훨씬 더 유리했을 것이기 때문이다.

한반도인이 일본열도로 재이주하여 덴노(天皇)가의 기원을 열다

보빈에 의하면, 남부시베리아–북만주로부터 남하한 한반도인(백제인이나 신라인 또는 가야인) 일부가 2~3세기경 이후 일본열도로 재이주하여 신공(진구) 황후, 응신(오진) 천황 등의 선조가 되었다 한다. 그에 의하면, '진구'(2~3세기)나 '오진'(3~4세기)은 고대 일본어(야요이어)가 아닌 고대 한국어(북방계 언어)라 한다. 한반도 출신 2차 도래인들은 북큐슈나 혼슈섬 기나이(畿內) 일대에 이미 정착해 있던 야요이인들을 제압하고, 일본열도 정치사회체제의 지도층이 되었을 것이라 한다. 그리고 11세기 영국을 정복한 노르만인이 나중 영국화 되었듯이 소수였던 이들도 시간이 지나면서 결국 야요이화(일본화) 되었을 것이라 한다. 한반도 중남부에 살던 야요이인들은 가야 도시(부족)국가들의 주력이었던 것은 물론, 이주한 큐슈와 혼슈(기나이) 해안 지역에도 수많은 부족국가를 세웠을 것이다. 언어와 풍습이 유사했던 가야 국가들과 왜(倭) 세력은 당연히 밀접한 관계를 가졌을 것이다. 보빈은 400년 광개토대왕 시기 고구려의 남진으로 인해 왜로 표현된 가야 계통 야요이어 세력이 한반도에서 거의 소멸되었을 것으로 본다. 7세기 이전 만주-한반도에는 고구려와 백제, 신라와 가야 부족국가들만 있었던 것이 아니라, 예맥계와 숙신계, 야요이계, 선비계, 한인(漢人)과 심지어 소수의 투르크계, 유럽계 등의 정치 체제와 주민들이, 시간을 달리하여 혼거하던 상황으로 봐야 한다.

광개토대왕의 남진이 한반도 중남부를 혼란에 빠지게 하다

정복군주 미천왕(美川王)은 한족과 선비·오환 혼합정권인 공손씨 연나라(189~238) 세력을 흡수한 모용선비 세력의 동진을 막아내었다. 미천왕은 302년 랴오둥의 현도군을 끝장내고, 311년 랴오둥의 요충지 서안평을 점령하였으며, 313년 낙랑군, 314년 그 남부의 대방군을 흡수하는 등 고구려가 국제 정세에 영향을 미치는 강대국으로 발전해 나가는 초석을 놓았다. 미천왕은 서안평과 낙랑군, 대방군 점령을 통해 BC 107년부터 약 400여 년간이나 지속되던 이민족 세력의 랴오둥-한반도 서북부 점령 상태를 종식시켰다. 미천왕은 319년 서진 평주자사 최비, 우문선비, 단선비 세력과 함께 모용선비 수도 극성(棘城·랴오닝성 진저우) 점령을 시도했으나, 포위한 세력 간 상호 불신으로 인해 실패하고 말았다. 광개토대왕은 미천왕의 업적을 바탕으로 396년 백제로 남진하여, 아화왕(阿華王)의 항복을 받았으며, 신라의 간청을 받아들여 400년 5만 대군을 파병, 백제가 부추긴 금관(임나)가야-왜 연합세력의 경주 점령을 해소한 다음 신라를 속국으로 만들었다. 고구려의 남진으로 인해 한반도 중남부의 정치·사회질서는 상당기간 혼란에 빠졌다. 고구려의 남진은 특히 신라(사로국) 수도를 점령할 수준의 국력을 갖고 있던 금관가야를 크게 약화시켰다. 광개토대왕의 남정(南征)은 금관가야 약화와 함께 낙동강 중류 대가야(반파국·고령)와 낙동강 서쪽 지류인 남강 유역 안라가야(안야국·함안) 강화로 이어졌다. 특히 대가야는 금관가야 기술자들을 받아들인 이후 비약적으로 발전, 5세기 중엽 이후 섬진강 하류 하동과 전라도 동부지역인 진안고원, 운봉고

한국의 기원을 찾아서

원 일대까지 점유하게 된다. 광개토왕의 남정은 낙동강 본류와 남강 유역 주민들이 다시 한 번 대거 일본열도로 이주하는 계기가 되었다. 한편, 신라가 고구려의 속국화 되었다는 것은 △충주 고구려비 기록 △경주에서 출토된 광개토왕 청동호우 △문경·영주·의성·울산 등에서 발견된 고구려계 적석총 등의 존재로 증명된다. 고구려의 남진으로 인해 백제와 신라, 금관가야 등 한반도 남부세력이 모두 약해지자 왜의 활동이 활발해졌다. 고구려는 모용선비 잔여세력인 북연(北燕)과 전쟁을 하던 404년 황해도와 평양까지 쳐들어온 왜-가야-백제 연합세력을 몰아내었다.

왜 세력이 영산강 유역을 점거하다 / 북큐슈 일본인 DNA

담양, 영광, 함평, 나주, 광주(光州), 영암, 해남을 포함한 영산강 유역에는 5~6세기경 축조된 것으로 보이는 왜식묘제(倭式墓制)로 '앞부분은 각지고 뒷부분은 둥근' 형태의 왕릉급 전방후원분(장고형 무덤)이 다수 존재한다. 한편, 기원전 3세기 청동기 시대 축조된 것으로 보이는 주구묘(전방후원분의 초기 형태로 추측)가 강원도 평창 등 한반도 중부와 영산강 유역 등 남부에서 다수 발견되었으며, 일본열도에서 발견된 전방후원분보다 최소 1세기 앞서는 주구묘가 충남 보령시 관창리와 전남 영광군 군동리 등에서 다수 발견되었다는 점에 비추어볼 때 전방후원분은 야요이인이 살던 한반도 중남부에서 기원하여, 야요이인이 대거 이주해간 일본열도에서 본격 발전되었다는 것을 알 수 있다. 전방후원분의 존재 역시 현대 일본인의 주류 야요이인이 한반도 중남부에서 일본열도로 집단 이주해 갔다는 하나의 증거가 된다. 전남 해남군 월송리 조산 고분과 장성군 만무리 고분, 함평군 신덕 1호 고분, 고흥군 길두리 고분 등에서 야요이인의 흔적을 찾을 수 있다. 한편, 나주시 반남면 일대에는 백제 왕릉 이상의 규모를 자랑하는 대형 옹관고분들도 다수 보인다. 5~6세기에 축조된 것으로 보이는 나주시 다시면 영동리 아파트형 대형고분에서 발굴된 인골 DNA(Cis-AB형)는 조사 결과 북큐슈의 현대 일본인 DNA와 가장 가까운 것으로 확인되었다. 백제는 5세기 고구려 광개토대왕, 장수왕의 공격으로 인해 예성강, 임진강, 한강 유역 일대를 상실하고, 금강 중류 지역으로 수도를 옮겨야 했다. 이 때 백제는, 4세기 중엽 근초고왕의 남정이후 간접 지배 방식을 취하고 있던 영산강 유역에 대한 영향력을 짧은 기간 동안이나마 상실했던 것으로 보인다. 야요이인들이 건너가 정착한 북큐슈 왜 세력 일부(치쿠시국·筑紫國)가 5세기 경 그 때까지 유대를 갖고 있던 영산강 유역 일대까지 다시 영향을 확대한 것으로 추측된다. 왜 세력이 중국 남조(南朝)와 교류하기 위해서는 해류 흐름으로 보아 선단(船團) 중간 기착지로 당시 바다와 접했던 나주를 중심으로 한 영산강 유역이 필요했을 것이다.

일본에 대한 백제의 사회·문화적 영향력

4~5세기 이후 일본은 백제(구다라) 문화의 영향을 많이 받았다. 백제 관련 고대 유적이 큐슈로부터 간토에 이르기까지 일본 곳곳에 퍼져있다. 다수 고대 일본 귀족들이 백제 왕족, 귀족성(貴族姓) 부여(여), 진모(진), 사택(사탁·사타), 목협(목), 연비(연), 귀실, 흑치, 고이, 재증, 동성, 조미(저미) 같은 2음절로 가문 명칭(姓)을 정할 정도로 관계가 깊었다. 덴노 가문 포함 왜 귀족의 약 30%가 한반도계라는 설도 있다. 단기간 북큐슈 왜(倭勢力)의 지배를 받던 영산강 유역은 백제 동성왕(재위 479~501)과 무령왕(재위 501~523) 시대 백제에 완전 통합된 것으로 보인다. 나주 다시면 복암리 고분군(금동신발 출토)과 무안 구산리 고분군, 영암 수산리 고분군 등에서 6세기 초 백제의 영향력을 확인할 수 있다.

단군조선과 위만조선

조선, 아사달

지금으로부터 2129년 전인 기원전 107년 서한(전한) 무제(武帝) 유철(劉徹)이 보낸 10만 대군이 조선 수도 왕검성(중국 랴오닝성 하이청 일대로 추정) 성문 안으로 물밀듯이 들어갔다. 조선의 마지막이었다. 조선(朝鮮), 곧 아사달은 무슨 뜻일까? 조(朝)는 아사, 즉 아침, 그리고 선(鮮)은 '뫼(산)'라는 해석이 있다. 조선은 '아침 산'이라는 뜻이라 한다. 우리는 조선을 건국한 인물이 '단군(檀君)'이라고 배웠다. 단군은 기원전

24세기 천제(天帝) 환인(桓因)의 아들 환웅(桓雄)과 웅녀(熊女) 사이에서 태어났다 한다. 단군은 곧 토템 천신족과 토템 곰족 간 연합의 결과라는 뜻이다. 탁발선비족이 세운 북위(北魏) 신화에 의하면, 탁발선비족 수장은 인간과 선녀(仙女) 사이에서 태어났다 한다. 앞에서도 말했지만, 단군은 '텡그리(檀)+임금(君)'이라는 뜻이다. 흉노에 이어 몽골고원과 만주 일대를 통일했던 선비(鮮卑)의 수장 단석괴(텡스퀘이·檀石槐, 137~181)나 그의 후손들로 이루어진 단선비족(段鮮卑族) 역시 '텡그리'와 밀접한 관계를 갖고 있다. 단석괴의 아버지는 '투룩후(Turk)'로 불렸다. 단석괴는 동쪽으로 부여를 물리치고, 서쪽으로는 샤카계 오손(Ashvin)을 공략하며, 남쪽으로는 한족 서한을 공격하고, 북쪽으로는 투르크계 정령을 압박하였으며, 예맥인들이 사는 요동을 정복하여 동-서 1600㎞에 달하는 선비제국을 세웠다. 『위서(魏書)』에 의하면, 단석괴는 어머니가 번개를 삼키고 태어났다 한다. 햇빛(해모수)에 감응해 태어났다는 '동명신화'나 '추모 신화'와 유사한 점이 있다. 결국 조선이나 조선의 시조 단군, 부여와 고구려 모두 투르코-몽골계 스텝 민족들이 숭배하는 '텡그리'와 밀접한 관계를 갖고 있다는 뜻이다. 한편, 유적과 유물 조사 결과 조선은 기원전 22세기~기원전 14세기 간 시랴오허(西遼河) 상류 시라무렌(潢水) 쯔펑(赤峯) 일대에서 발전한 청동기 '샤쟈텐(夏家店) 하층 문화'의 영향을 받은 나라로 추측된다. 중국 기록만 일부 남아 있어 조선 초기 상황은 제대로 파악되지 않고 있다. 조선이 시(西)랴오허 일대에서 기장을 재배하던 투르크와 몽골, 퉁구스, 왜(倭) 등의 뿌리(基幹) 민족과 밀접한 관계에 있었던 것은 분명해 보인다(막스플랑크 인류사연구소, 2022년 3월 11일). 고대 중국인은 이들을 북적(北狄)으로 표현했다.

서한-흉노 전쟁

랴오둥반도산 옥으로 만든 귀고리가 출토된 강원도 고성(高城) 바닷가를 지나 북쪽으로 계속 가면 두만강에 이른다. 두만강의 '두만'은 만호장(萬戶長)을 뜻하는 고대 투르크어에 기원한 만주어 '투먼(Temen)'의 음차(音借)이다. 고대 투르크인 등은 고조선 말기부터 삼국시대 초기 기간 몽골고원을 중심으로 만주에서 몽골고원, 간쑤와 신장, 중앙아시아에 이르는 흉노제국(匈奴帝國)을 세웠다. 흉노제국 최전성기를 연 묵돌(Mete) 선우(하느님의 아들 선우: Tengri Hu Shanyu)의 아버지가 '두만'이다. 튀르키예(터키)는 552년 전(前)돌궐제국을 세운 투멘(두만·일릭) 가한과 함께 묵돌 선우를 튀르키예 역사에서 매우 중요한 인물로 본다. 흉노제국은 외몽골 오르콘강 유역을 수도로 동으로는 만주, 서로는 톈산산맥, 남으로는 치렌(祁連)산맥, 북으로는 바이칼호까지를 영토로 하는 유라시아 최강국이었다. 기원전 200년 가을 서한(전한) 초대 황제 유계(유방)가 직접 흉노 공격에 나섰다. 유계가 이끄는 32만 서한군은 오르도스와 산시성 일대에서 흉노군을 잇달아 격파했다. 묵돌의 유인책이었다. 진눈깨비가 내리기 시작했다. 묵돌은 4-5만 기(騎)를 동원하여 산시성 따퉁(大同) 외곽 백등산에서 서한군을 포위했다. 서한군 병사들이 기아와 추위로 죽어나갔다. 유계는 묵돌에게 조공을 바치고 항복할 수밖에 없었다. 그로부터 5년 뒤인 기원전 195년 흉노정책을 놓고 유계와 갈등하던 유계의 어릴 적 친구 연왕(燕王) 노관이 흉노로 망명했다. 노관의 부장으로 랴오시(遼西) 일대를 수비하던 '상투 튼' '연인(燕人·베이징 인근 출신)' 위만(衛滿)은 요새(遼塞)를 나가 '동쪽으로 패수(浿水)를 건너' 조선에 투항했다. 위만이 건넌 '패수'는 강 흐름 묘사로 보아 롼허(灤河)로 추측된다. 흉노의 왼쪽 날개 조선은 서한에게 두통거리였다. 조선이 흉노와 교역하면서 흉노가 필요로 하는 물자를 공급해주었기 때문이다.

서한, 흉노에 조공하다

유방 이후 역대 서한 황제들은 흉노제국에 조공해야 했다. 서한이 튀르키예의 선조국가 흉노제국의 부용국이었다는 뜻이다. 경제(景帝) 이후 서한과 흉노 간 세력관계가 역전되기 시작했다. 한족 농민의 농업 생산력이 흉노 유목민의 조직력을 압도하게 된 것이다. 경제의 아들 무제는 흉노정책과 관련 '쉬운 문제부터 우선 해결한다.'는 선이후난(先易後難) 전략을 채택했다. 서한은 소규모 기병 부대를 동원하여 흉노를 선제공격하기 시작했다. 동맹세력 확보에도 나섰다. 서한은 기원전 139년 흉노의 배후 인도-이란(샤카)계 오손(Ashvin)과 동맹하는 데 성공했다. 전쟁을 뒷받침할 재정은 경제전문가 상홍양(桑弘羊)의 아이디어에 따라 소금과 철, 술의 전매를 통해 염출했다. 무제는 기원전 129~119년 간 위청(衛青), 곽거병(霍去病) 등으로 하여금 흉노를 계속 공격케 했다. 처음에는 뛰어난 기동력을 갖춘 흉노군이 서한군의 공격을 효과적으로 격퇴했다. 시간이 가면서 서한군이 흉노군의 전투기술에 적응했다. 기원전 121년 곽거병이 이끈 서한 1만 기병이 하서회랑(네이멍구〈內蒙古〉와 칭하이성 사이 깐수성의 좁고 긴 계곡)으로 쳐들어가 흉노군 3만여 명을 죽이고, 휴저왕(休屠王)의 왕비(연지·閼智)와 14세 왕자 포함 2500여 명을 포로로 잡았다. 수도 장안으로 끌려가 마구간지기로 전락한 흉노 왕자는 동족(同族) 망하라의 무제 암살 음모를 저지한 공을 세워 마감(馬監)에 임명됐다. 서한은 하서회랑에 군현(郡縣)을 설치했다. 서한 역시 흉노 전쟁에서 큰 피해를 입었다. 특히 전마(戰馬) 상실이 격심했다. 300일 기준 군사 1명당 약 360kg의 식량과 600kg에 달하는 소나 말의 여물을 운반해야 했기 때문에 흉노 정복전이 100일을 넘기는 경우는 거의 없었다.

이주민 위만이 조선왕조를 찬탈하다

기원전 3세기 말 진·한(秦漢) 교체기에 다수 연(燕)·조(趙)·제(齊) 유민(遺民)들이 조선으로 유망(流亡)했다. 연·조·제 지역은 오늘날 허베이성과 산둥성 연안 지역으로 동이계 또는 동호계(선비, 예맥, 숙신)가 주류를 이루고 있었다. 서한 학자 양웅이 지은 언어학책인 『방언(方言)』에 의하면, 조선 멸망 후 약 100년이 지난 기원전후 허베이성 동북부, 지금의 베이징 일대를 의미하는 '연(燕)' 지역과 랴오시-랴오둥 지역 언어는 공통성 내지 유사성이 매우 높았던 반면, 그 언어와 연을 벗어난 여타 중국 지역 언어와는 절연(絶緣) 상태였다 한다. 베이징 일대가 바로 중국과 조선을 구분하는 경계였다는 뜻이다. 이는 위만과 위만을 따른 무리들이 전국시대 연나라 진개(秦開)에 의한 조선 포함 동호(東胡) 지역(랴오시 일대) 공격 결과 연나라에 편입되어 서서히 한족화 되어가던 조선계 주민의 후손일 가능성이 크다는 뜻이다. 위만은 이들과 조선 원주민 일부를 통합, 조직하여 기존 조선 왕조를 찬탈했다. 위만의 손자 우거왕 이전부터 조선은 흉노와의 교류 등을 통해 확보한 강력한 군사력을 배경으로 서한과 만주, 한반도, 일본열도 간 중계무역 이익을 독점했다. 서한은 조선의 행위에 분노했다. 더

구나 조선은 서한의 숙적 흉노의 왼팔 노릇까지 했다. 서한은 조선에 앞서 군사력이 약한 남방의 남월을 먼저 점령코자 했다. 중국 역대 왕조는 거의 대부분 군사력이 약한 남쪽을 먼저 치고, 군사력이 강한 북쪽은 나중에 공격한다(선이후난·先易後難). 남월 수도는 광저우 근교 번우에 있었다. 서한은 기원전 111년 전매 품목이던 철강 밀수 등을 핑계 삼아 복파장군 노박덕 휘하 육군과 양복이 지휘하는 해군으로 하여금 함께 남월을 침공케 했다. 서한은 토착파와 외래파로 분열된 남월을 쉽게 점령하고, 남월 땅에 9군을 설치했다. 서한은 곧바로 조선 원정을 준비했다.

조선, 서한에 멸망당하다

서한은 기원전 109년 가을 외교 분쟁을 이유로 육·해군을 동원하여 조선을 침공했다. 누선장군 양복은 해군 병력 5만을 거느리고 산둥(齊) 해안에서 발진하여 메이산 열도(眉山列島)를 따라 항진, 보하이만(渤海灣)을 건너 랴오허 동안(東岸) 하이청에 위치한 조선 수도 왕검성으로 진격했다. 좌장군 순체는 별도로 지금의 베이징 지역 병사 5만을 거느리고 육지로 진군했다. 순체는 무제의 처남이자 대장군 위청의 부장으로 흉노와의 전쟁에도 참전한 무제의 측근 출신이었다. 양복은 육군의 진격이 지체되자 정예 병사 7000명을 선발하여 단독으로 왕검성을 공격하다가 조선군에게 대패했다. 순체의 육군도 서한과 조선, 흉노 간 국경을 이루던 패수 등에서 조선군에게 격퇴 당했다. 흉노가 서한군의 배후를 노릴 상황이 되었다. 서한은 위산을 사신으로 보내 조선과 강화를 시도했으나 실패했다. 조선의 의심을 산 까닭이었다. 순체와 양복은 조선의 이간계에 넘어가 서로 충돌하기 시작했다. 무제는 공손 수를 특사로 파견했다. 공손수는 순체와 결탁, 무제의 허락도 없이 양복을 체포했다. 순체가 서한 육·해군 10만 명을 통합하여 조선을 계속 공격했다. 전쟁이 2년여나 지속되자 조선 지배층에 내분이 일어나 화친파들이 서한으로 망명했다. 기원전 108년 여름 친한(親漢) 화친파 참(參)이 우거왕을 암살했다. 흉노가 지원하고 성기(成己)가 끝까지 항전했으나, 조선은 1년 뒤인 기원전 107년 서한에게 멸망당하고 말았다. 직후 서한은 왕검성 일대에 현도군을 설치했다. 조선 멸망과 서한의 군현 설치는 민족 대이동을 야기했다. 일단의 예맥계 조선 유민들이 한반도로 남하하여, 한강 유역과 당진만 일대, 형산강 유역(경주), 낙동강 유역(김해, 고령, 함안) 등으로 유입되었다. '혁거세, 알영 탄생 설화'와 '수로 탄생 설화'는 조선 유이민의 형산강 유역, 낙동강 유역 유입 상황을 '천손강림(天孫降臨)'이라는 신화 형식으로 표현한 것이다. 조선이 서한의 공격을 막아내고 나라를 보존하는데 성공했더라면, 조선은 고대국가로 발전할 수 있었을 것이다. 『사기(史記)』 조선열전(朝鮮列傳)에 나오는 전후 처리 결과를 살펴보면 서한의 조선 원정은 실패한 전쟁이었다. 순체는 처형 후 시체를 전시하는 기시형(棄市刑)에 처해졌으며, 위산과 공손수 등은 참형 당했다. 양복도 참형을 받게 되었으나 국가에 돈(속량전)을 바치고, 서인(庶人)으로 강등되었다. 이에 반해 조선 투항파들은 제후로 임명되었다. 낙랑과 현도 등 한군현(漢郡縣)은 조선 토착사회 통제가 주목적이었으나 토착인들의 반발에 부딪혀 낙랑군을 제외하고는 곧 축출되었다. '낙랑'이라는 명칭만은 끈질기게 살아남았다. 낙랑군은 다링허 유역과 롼허 유역을 거쳐 베이징 부근 융딩허(永定河) 유역으로까지 옮겨가 6세기 말 수나라 초에 가서야 폐지된다.

패수와 왕검성의 위치

△왕검성 소재지와 △조선-서한-흉노 간 국경을 이루었다는 패수의 위치 등에 대해 결론이 나지 않고 있다. △왕검성 전투 시 살아있었던 사마천의 『사기』 △동한 반고(班固)의 『한서』 △동한 말-조위(曹魏) 초기 장안(張晏), 동한 말 응소(應劭)와 서진 시기 설찬(薛瓚·성씨 불명), 그리고 수·당 시대 안사고(顏師古)의 한서 주석 △5세기 말 북위(北魏)말 인물인 역도원(酈道元)의 『수경주(水經註)』를 포함한 사료들이나 유물을 살펴봐도 명쾌한 답이 나오지 않는다. 『사기』는 서한군 해군이 하

천 또는 연안 바다에서나 항해 가능한 누선(樓船)을 이용, 산둥반도 북쪽 항구에서 출발, 보하이(渤海)를 관통하여 조선을 공격했다 한다. 장안은 '조선에는 열수, 습수, 산(선)수가 있으며, 이 세 강이 모여 열수를 이룬다(朝鮮有洌水濕水汕(仙)水, 三水合爲洌水).'라고 했다. 롼허부터 대동강까지 여러 개의 강 가운데 세 개 이상의 큰 물줄기가 한 개의 더 큰 물줄기를 이루는 강은 백랑수(白狼水)로 불리던 다링허(大凌河)나 랴오허(遼河) 밖에 없다. 북위의 후기 수도 뤄양을 방문한 고구려 사신의 말을 인용한 『수경주』 기록에 의하면, 왕검성은 대동강 북쪽 고구려 평양성 일대에 있었다 한다. 이는 3세기 출간된 『수경』 기록과 상반된다. 5세기 말은 조선이 망한지 600여 년이 지난 뒤이다. 왕검성이 지금의 평양 일대에 있었다는 주장은 『사기』에 묘사된 해륙(海陸) 서한군 진군 과정과 전쟁 상황 기술에 비추어볼 때 맞지 않다. 패수가 대동강이나 청천강 또는 압록강이라는 일제강점기 때부터의 주장 역시 전쟁 상황에 비추어 볼 때 맞지 않다. 흉노군을 의식해야 하는 상황에서 보병과 보급부대 포함 허베이성 중남부 지역 죄수 위주로 구성된 서한 육군 5만 명이 베이징 부근에서 출발하여 조선군이나 흉노군의 공격도 받지 않고(조선군 공격 단 1회), 베이징에서 무려 1300㎞나 떨어진 평안도 지역까지 큰 어려움 없이 진군해 왔다는 주장은 억지로 보인다. 보병 1일 행군거리가 약 20㎞라는 점에서 여하한 문제가 발생하지 않을 경우에라도 1300㎞를 행군하기 위해서는 2개월여가 소요된다. 허베이성 중북부는 '유주(幽州)', 즉 '먼 땅', '어두운 땅'으로 불릴 정도로 변두리 중의 변두리였다. 서한 변두리로부터 평안도까지 1300㎞, 당시로는 상상하기 어려운 먼 거리이다. 융딩허, 롼허, 다링허, 랴오허, 훈강, 압록강, 청천강 등 대규모 하천 7개도 건너야 한다.

패수는 롼허(灤河) 또는 다링허(大凌河)

서한의 흉노 전쟁 사례에 비추어 보았을 때 서한 10만 대군이 필요로 하는 군수품은 천문학적 규모였을 것이다. △위만의 망명 상황(동쪽으로 패수를 건너다)이나 △왕검성 공략 시 서한 해군의 항해 방향(위로 관통하다) 포함 전쟁 진행 상황 묘사 △대동강 하구는 조류가 빨라 현대 해병대도 상륙이 어렵다는 점 △지리 분석 결과 등에 비춰볼 때 패수는 지류들이 합류한 이후부터는 북쪽에서 남쪽으로 흐르는 롼허나 다링허(또는 랴오허)로 추측된다. 동쪽에서 서쪽으로 흐르는 압록강, 청천강, 대동강은 패수가 될 수 없다. 랴오허의 지류였던 훈허 이동에는 흉노 유물이 발견되지 않는다. 대동강 유역에서 낙랑과 (고)조선 유물은 발견되나, 중국 계통 명도전이나 (고)조선 역대 왕릉, 또는 궁궐터, 성터 등 대형 유적은 일체 발견되지 않고 있다. 왕검성 옛터에 설치한 서한 군현이 낙랑군(현)이었을 것이라는 주장은 하나의 가설에 불과하다. 낙랑군 중심이 대동강 유역에 있지 않았다는 문헌적, 상황적 증거(부여의 낙랑군 공격, 관구검의 고구려 공격 시 낙랑군을 활용하지 않은 것)도 다수 있다. 북중국 지역(연, 조, 제나라 관련) 유물이 랴오허 유역에서 다수 발견되었다. 랴오양에서는 비파형 동검과 함께 '상투 튼' 조선인의 얼굴이 양각된 거푸집이 발견되었다. 동한(東漢) 말~조위(曹魏) 시대 공손씨 연나라의 도읍도 랴오허 유역 양평(랴오양)에 있었다. 랴오허 유역에 근거지를 갖고 있던 모용선비(3~5세기)의 수장 모용황이 서진으로부터 '조선공'에 봉해진 것에서 알 수 있듯이 역대 중국 왕조들은 랴오허·다링허 유역을 옛조선의 중심지로 보았다. 시안 또는 뤄양에 수도를 두고 있었던 서한과 동한, (그리고 나중 조조의) 위나라 관점에서 대동강 유역은 멀고 먼 변경에 불과했다. 다링허-랴오허 유역이 대동강 유역보다 더 선진적이고 인구도 많았다. 가장 발달된 곳에 수도를 두는 것이 일반적이다. 남월 수도 번우도 베트남 내지(內地) 홍하 유역이 아닌 주강(珠江) 유역 광저우 근교에 있었다. △유물·유적 △사서 기록 △지리 △위만 망명 상황 △당시 정치·군사 상황 등을 종합 검토해 보았을 때 왕검성은 다링허-랴오허 유역 랴오둥의 하이청(海城) 부근에 있었던 듯하다. 패수(국경을 이루는 강)나 평양(평평한 지역)은 원래 고유명사가 아니라 일반 명사이며, 평양과 낙랑은 여러 차례 이동했다. 낙랑군은 서진(西晉) '팔왕의 난'과 이어진 남흉노 유연, 유총, 유요와 투르코-이란계 갈족(羯族) 후조(後趙) 석륵의 화베이 침공이라는 중국 혼란기였던 313년 고구려 미천왕 군대에게 정복당한 후 대동강 유역에서 모용선비족이 세운 전연의 랴오시, 북위 시대에는 베이징 부근으로 이동했다가 선비족 주도의 호한융합(胡漢融合) 수나라 시대에 최종 소멸된 것으로 보인다.

동아시아의 게르만,
부여족(扶餘族)의 남하

사슴의 나라 부여

중국 전국시대 말기부터 진·한(秦漢) 교체기인 기원전 4~3세기 경 남시베리아 바이칼 호수 근처에 위치한 '탁리국(橐離國)'* 출신 동명(東明)이 부족민들을 이끌고 남하하여 엄호수(엄리대수)로 불리던 쑹화강(松花江) 유역 녹산(鹿山) 지역 토착 예족(濊族)을 흡수, '부여(扶餘)'를 세웠다. 예족이 조선을 세웠고, 맥족이 부여와 고구려를 건국했다는 설도 있다(북한 이지린 박사). (*'고리국'으로 읽는 분들은 유라시아 초원지대 투

한국의 기원을 찾아서

르코-몽골 역사와 문화를 이해하지 못하고 있는 것으로 보인다.) 녹산은 만주 지린성(Girin Golo) 지린시 일대이다. 지린은 만주어로 강기슭을 뜻한다. '부여'(퉁구스어 부위, 여진어 부요, 만주어 푸후)는 '사슴(鹿)'이라는 뜻이다. '예(濊)' 자체가 사슴을 뜻하는 '푸이(鹿)'를 음차한 것이라 한다(송호정 교원대 교수). '부여'가 '버러(벌판, 들판)', 즉 평원이라는 뜻의 투르크 계통 언어에서 유래했다는 주장도 있다. 동명 일족의 남하는 고구려와 백제, 가야, 그리고 모용선비, 야요이인에 이르기까지 민족 대이동을 초래한 동아시아의 게르만(German) 1000년 역사 부여의 시작이었다. 부여의 원류가 남시베리아 출신이라는 것은 조선, 부여, 고구려는 물론, 한(韓)이나 야요이(彌生)와 함께 숙신(말갈), 선비(거란) 등의 DNA도 물려받은 한국인이 남시베리아 예니세이강 상류 일대를 원거주지로 하는 투르크계 민족과도 상당한 친연성(親緣性)을 갖고 있다는 것을 말해 준다. 예니세이강 상류 지역을 포함한 남시베리아에는 부여인의 원류뿐만 아니라 정령(철륵·Töles) 등 투르크계 민족도 거주하고 있었기 때문이다.

텡그리 임금 단군(檀君)

1세기 동한(후한) 왕충이 지은 『논형(論衡)』 길험편과 3세기 삼국시대 조위(曹魏)의 어환이 지은 『위략(魏略)』에 의하면,

전국시대 말기이자 진·한 교체기인 기원전 4~3세기 경 탁리국 출신 동명이 무리를 이끌고 북만주로 남하, 쑹화강(숭가리 울라) 유역 예족을 흡수하여 부여를 세웠다 한다. 이는 농경사회를 대표하는 중원의 한족 국가들과 유목사회를 대표하는 몽골고원 중심의 흉노(匈奴)가 전쟁과 교류를 통해 남시베리아-북만주에까지 자극을 준 결과였다. 부여 건국은 시간적으로 위만조선 건국보다 상당히 앞선다. '탁리'는 '텡리(Tengri)' 또는 '텡그리(하느님)'를 음차(音借·음을 빌려 표기)한 것으로 부여의 원류는 텡그리를 신봉하는 남시베리아의 한 부족이었다. 텡그리는 투르크계와 몽골계 등 스텝(초원)과 삼림지대 유라시아 민족 거의 모두가 숭배하는 '하늘의 신(하느님)'이었다. 단군(檀君)은 '텡그리(檀)+임금(君)'이라는 뜻이다. 한자 '천(텐·天)'도 텡그리에서 나왔다 한다. 부여 왕족의 성 '해(解)'는 음차로 우리말 '해(태양)'를 뜻한다. 고구려 왕족 성인 '고(高)'나 백제 왕족 성인 '부여(扶餘)' 모두 '해(解)' 부족에서 기원했다. 부여는 물론 부여에서 갈라져 나온 고구려도 텡그리 '하느님'을 섬겼다는 것은 고구려 시조 추모(鄒牟)의 아버지가 하느님의 아들(天子), 즉 하늘에서 내려온 해모수(解慕漱)로 알려진 데서도 잘 알 수 있다. 부여는 (고)조선보다 우리 역사에 훨씬 더 긴 그림자를 드리웠다. 부여에서 고구려가 나왔고, 고구려에서 백제와 후계국가 발해(후고려)가 잉태되었으며, 백제

한국의 기원을 찾아서

는 왜와 연결된다. 금관가야도 부여족의 영향을 받았다. 만주
의 선양(瀋陽)과 창춘 사이에 금강 유역 '부여(扶餘)'와 동일한
이름의 도시 '扶餘(Puyü)'가 있다. 왜 금강 유역 부여로부터 북
쪽으로 1,100㎞ 넘게 떨어진 쑹화강 유역에도 '扶餘'라는 도시
가 있는 것일까? 강릉(江陵)과 양양(襄陽), 함양(咸陽)은 통일신
라 이후 각각 중국 후베이성 장링(江陵)과 샹양(襄陽), 싼시성
셴양(咸陽)에서 이름을 따온 것으로 보인다. 하지만, 충남 부여
는 탁리(텡그리)국 출신 한 무리가 남시베리아에서 출발하여
쑹화강과 압록강, 한강을 거쳐 금강 유역까지 2~3천여 ㎞에
걸친 민족이동의 결과로 생겨났음이 분명하다. 남시베리아에
서 기원한 부여족이 쑹화강 유역과 금강 유역에 '부여(扶餘·푸
위)'라는 이름의 도시를 남긴 것이다. 부여, 고구려와 마찬가지
로 백제(남부여)도 '동명왕 사당'에서 제사를 지냈다.

졸본(卒本)은 '금성(Venus)'이라는 뜻의 투르크어

기원전 1세기 말 부여를 이탈한 한 무리가 '하늘에서 내려
온 자(해모수)의 아들'로 알려진 (해)추모를 지도자로 하여 랴
오닝성 동남부 서압록강(西鴨綠江) 지류인 졸본천(卒本川·Riv.
Chorbon) 유역으로 남하, 그 지역 맥계(貊系) 원주민들을 흡
수하여 오녀산성 중심의 졸본(Chorbon·Çulpan: '금성'이라
는 뜻의 고대 투르크어)을 근거로 하여 고구려를 세웠다. 고

구려의 수도 일대가 'Chorbon'으로 불렸다는 것은 고구려에 투르크적 요소가 내포되어 있음을 뜻한다. 중앙아시아의 투르크계 국가인 키르키즈 소재 함호(鹹湖) 이시크쿨 호반에는 'Chorbon·Çulpan' 명칭의 도시들이 다수 있다. 추모의 부하 가운데 '오이'는 고대 투르크어로 '달(moon)', 그리고 '마리'는 '우두머리(head)'를 뜻한다. 졸본은 산과 하천, 구릉, 계곡이 복잡하게 얽혀있는 지역이다. 계곡마다 들어선 고구려의 여러 부족, 즉 소노부(消奴部)와 절노부(絶奴部), 순노부(順奴部) 등의 '노(奴)'나 추모의 둘째 부인 소서노(召西奴)의 '노(奴)' 역시 '흉노(匈奴·XiongNu)'의 '노(Nu)'처럼 고대 투르크어로 '사람'이라는 뜻이다. '소서노'는 '소서' 집안(또는 지방) 출신 여자라는 뜻으로 보인다. 백제 '고이왕'의 '고이'도 양(羊)을 뜻하는 고대 투르크어에서 기원한다 한다. 한편, '압록(Yalu)'은 만주어로는 '경계(境界)'라는 뜻이다. 다만, '압록(鴨綠)'이 실제 만주어 'Yalu'에서 유래했는지는 불확실하다. 고구려가 건국된 이후 추모의 첫째 부인 예씨와 아들 유리 일행 포함, 부여로부터 고구려로 끊임없는 주민 이탈이 일어났다. 서기 8년 즉, 고구려 3대 대무신왕(해주류왕) 5년에는 부여 대소왕의 친족이 1만여 명을 이끌고 고구려로 망명하여, 5부의 하나이자 명림씨(明臨氏)를 대표로하는 연나부(椽那部·절노부·북부)의 기원이 되었다. 한편, 투르크계 돌궐제국(突厥帝國)은 고구려와

한국의 기원을 찾아서

후고려(발해)를 뵈클리(Bökli)로, 티베트계 토번제국(吐蕃帝國)은 고구려를 케우리(Keuli·고려)나 무쿠리(Mukuli)로, 동로마 제국은 고구려를 모굴리(Moguli)로 불렀다. '맥인(貊人)'의 나라라는 뜻이다. 고구려는 혼거하던 말갈계(모트기트: 숙신-읍루-물길-말갈-여진-만주)와도 친연성을 갖고 있다.

100개의 나루라는 뜻의 백제(구드래)

'높은 성(나라)'을 뜻하는 '고구려'가 지도자 고주몽(高朱蒙)을 중심으로 국가 체제를 갖추어 나가는 과정에서 고(해)주몽의 후처(後妻)로 알려진 소서노와 의붓아들(친아들이라고도 한다) 비류, 온조가 이끄는 세력이 이탈했다. 한편, 고주몽(해추모)의 성(姓)이 해씨(解氏)에서 고씨(高氏)로 바뀐 것은 6대 태조왕(재위 53~146) 이후 중앙집권을 강화하면서 중국 성씨 제도로부터 영향 받은 결과이다. 5대 모본왕대까지 사용하던 왕족성 '해(太陽)'를 높다는 뜻의 '고(高)'로 바꾼 것이다. 태조왕 이후 왕가가 소노부에서 계루부로 바뀐 것이 아니다. 한편, 소서노와 비류, 온조 일행은 압록강 하구에서 서해 뱃길을 따라 남쪽으로 내려왔다. 기원전 1세기 말경 대동강-재령강 유역에는 낙랑군 등 한족계 정치세력이 건재하고 있었던 관계로 대규모 집단의 육지 이동은 어려웠을 것이다. 비류 등 일부는 인천 지역에 정착했으며, 온조 등 다른 일부는 한강과 임진강을 거슬러 올라가 서울 일대와 임진강 하구의 파주 평야 일대(육계토성: 하북위례성?)를 점거하고 '100개의 나루(포구)를 가진 나라('百家濟海'에서 유래했다는 등 10개 이상의 다른 주장도 있다)'라는 뜻의 백제(百濟·구드래)를 세웠다. 백제는 처음 십제(什濟)라 했다. 이에 비추어 볼 때 '백제'가 '100개의 나루(항구)'를 뜻한다는 해석이 맞는 듯하다. 백제의 국명과 관련하여 '온조(溫祚)'가 바로 '백제'라는 일부 견해도 있다. 우리말 '온'은 '백(百)'을 뜻한다. 백제 스스로는 고구려가 아니라 부여에서 나왔다고 했다. 그래서 백제 왕실은 '왕성(王姓)'을 '부여'라 했다. 그런데, 삼국유사는 온조의 성이 '해(解)'였다고 기록하고 있다. 송파구 풍납동과 김포시 운양동(금제 귀길이), 충북 오송(칼) 등에서 부여계 유물이 발견되었다. 백제를 세운 세력은 랴오둥 지역으로부터 여러 차례에 걸쳐 한강, 임진강, 예성강 유역으로 남하하여 유입된 것으로 추측된다. 사서들은 백제의 기원을 온조설, 비류설, 위구태설 포함 다양하게 설명하고 있다. 인천의 비류 세력은 나중 온조 세력에 병합되었다. 비류계는 먼저 (인천이 아닌) 랴오시에 나라를 세웠다가 나중 백제에 합류했을 것이라는 소수설도 있다. 초고계(온조왕, 초고왕, 비류왕, 근초고왕, 무령왕, 성왕, 무왕, 의자왕 등 부여씨·扶餘氏)와 고이계(고이왕, 책계왕, 분서왕, 계왕 등 우씨·優氏) 왕통이 다를 것이라는 데는 다수 학자들의 의견이 일치한다.

한국의 기원을 찾아서

고이계의 선조 비류(우씨〈優氏〉 또는 우씨〈于氏〉)와 근초고왕 등 초고계의 선조 온조(해씨 또는 부여씨)는 같은 랴오둥 출신 이기는 하지만, 동모(同母) 형제가 아니라 각기 다른 세력을 배경으로 하고 있다는 것이다. 『삼국사기』와 『삼국지』 등 한·중 역사서들은 랴오둥을 근거로 하는 '예맥계(濊貊係)' 세력이 한 강 유역으로 들어와 나라를 세웠다 한다. 이들은 남한강과 북한강, 안성천, 삽교천, 금강, 동진강 등의 하구에서 시작하여, 물길을 따라 올라가면서 한(韓)과 야요이계 등 백제세력보다 먼저 이 지역에 자리 잡고 있던 여러 계통 원주민들을 정복하고, 통합하여 백제를 만들었다.

부여인, 김해로 들어오다

『삼국지』 위지 동이전에 의하면, 면적 약 20만㎢, 인구 40여만 명의 인구의 부여는 '초기에는 어느 나라에게도 패배하여 본적이 없을 정도로 막강했다' 한다. 다링허-랴오허 유역 모용선비(慕容鮮卑)와 압록강 유역 고구려가 융성하기 시작한 3세기 중엽 이전까지 부여는 만주 최강국이었다. 부여는 보기(步騎) 몇 천~몇 만을 동원하여 랴오허-다링허 유역으로 진출, 고구려군이나 동한군(후한군)과 싸울 정도였다. 부여는 111년(고구려 태조왕 65년, 동한 안제 6년) 기병과 보병 7000~8000명을 동원하여 낙랑군을 공격하기도 했다. 낙랑군 중심이 대동강 유역에만 존재했다는 설에 따를 때 부여군이 동, 서압록강 유역을 중심으로 한 고구려 영토를 지나 낙랑군을 공격했다는 말이 되는데, 이는 모순이다. 낙랑군은 당시 (적어도 일부는) 랴오둥(遼東)과 랴오시(遼西), 즉 랴오허-다링허 유역에 소재하고 있었다고 볼 수밖에 없다. 『삼국사기』 고구려 본기에 의하면, 부여왕은 120년 왕자 위구태를 동한(후한)에 사신으로 파견했으며, 121년 12월에는 위구태로 하여금 2만 대군을 인솔하여 고구려 태조왕 군대에 의해 포위된 동한의 현도성을 구원했다 한다. 부여는 167년 왕 스스로가 2만여 명의 군사를 인솔, 랴오둥의 현도군을 공격하기도 했다. 부여는 숙신(나중 읍루와 물길) 등 말갈계 국가들과 싸우기도 했다.

17세기 말까지 베트남 중남부에 존재했던 말레이계 국가 '참파(ChamPa·占城)'와 같이 연맹국가 수준에 머물러 상대적으로 약화되어 가던 부여는 3세기 이후, 중앙집권을 이룩한 몽골-투르크계 모용선비와 남쪽의 고구려에게 수시로 공격받았다. 부여는 285년 랴오시의 극성(棘城·랴오닝성 진저우)을 수도로 하던 모용선비 수장 모용 외(慕容 廆·모용혁락괴)의 침공을 받아 국왕 부여 의려(扶餘 依慮)가 자결하고 1만여 명의 백성이 포로로 잡혀갔다. 당시 포로로 잡혀간 부여인 중 일부가 탈주하여, 서해를 거쳐 일부는 김해 지역에도 도달한 것으로 보인다. 부여는 사마 의의 손자 사마염이 세운 한족왕조 서진

한국의 기원을 찾아서

(西晉·265~316)의 도움으로 나라를 이어갈 수 있었다. 그로부터 60여년 뒤인 346년 부여는 모용외의 손자이자 모용황의 아들 모용준과 모용각 등이 이끄는 모용선비군 17000기(騎)의 재침을 받아 수도가 함락당하고, 국왕 부여현(扶餘玄) 포함 5만여 명이 포로가 되어 모용선비 수도 용성(차오양)으로 잡혀가는 등 사실상 멸망했다. 서진에 의해 '조선공(朝鮮公)'에 봉해진 모용황은 부여현을 사위(부마·駙馬)로 삼았다. 포로가 된 5만여 부여인 중 일부가 3세기에서와 마찬가지로 다시 탈주하여 용성 부근을 흐르는 다링허(大凌河) 흐름을 타고 내려가 서해를 지나 김해 지역까지 이동, 그 지역에 이미 자리 잡고 있던 동족과 합류하는데 성공한 것으로 보인다. 부여인 일부는 일본열도까지 이동했다. 선진 문물을 가진 부여인의 합류로 다시 강성해진 금관가야(구야국, 임나국)는 399년(나물마립간 44년), 근초고왕(고국원왕)대 이래 고구려와 원수가 된 백제의 사주를 받아, 같은 야요이 계통 언어를 사용한 왜(倭)와 연합, 신라 수도 금성(경주)을 점령하기도 했다. 한족계 세력인 낙랑군, 대방군 등과의 철기 교역을 통해 강성해져 4세기 초까지 가야 성읍국가들의 리더 역할을 해 오던 금관(임나)가야는 고구려 미천왕의 낙랑군(313), 대방군(314) 정복에 타격받은 데다 백제 근초고왕의 북진(369)과 평양 침공(371)으로 인해 대동강-재령강 유역 일대 선진 무역 파트너들을 상실하여 약화

되고 있었다. 최근 랴오닝성 차오양시(용성, 영주) 베이퍄오(北票) 근교 라마동에서 3~4세기경 모용선비군에 포로로 잡혀와 정착했던 부여인 집단묘지가 발견되었다. 4세기경, 기존 무덤을 파괴하고, 그 위에 조성된 것으로 보이는 김해 대성동 91호 고분에서 발굴된 △'청동 띠 그릇'과 △'동복(유목민들이 사용하던 이동식 취사 냄비)' △'말안장' 등은 라마동 묘지에서 발굴된 유물과 똑같이 생겼다. 라마동 집단묘지와 대성동 91호 고분은 양식도 같다. 대성동 88호 고분에서는 야요이인이 일본열도에 세운 여러 왜국(倭國)과 연결되는 파형동기(波形銅器)도 발굴되었다. 김해 대성동 고분, 유하(리) 패총과 욕지도에서 발굴된 고대 인골에서 나온 DNA를 조사한 결과 이 지역 고대인들은 북방계와 함께 야요이계, 폴리네시아 계통 조몽계 DNA도 가진 것으로 나타났다. 가야, 적어도 임나(금관)가야는 부여인 등 북방계와 야요이계, 조몽계, 그리고 중국화된 인도계(허황옥 계통)가 결합된 나라가 아니었을까?

후연(後燕) 정동장군 부여울이 부여를 재건하다

저족(氐族) 전진(前秦) 제3대 황제 부견(苻堅)이 파견한 장군 왕맹과 곽경이 370년 11월 모용선비 전연(前燕) 후기 수도인 허베이성 업(鄴)을 점령할 때 고구려인·갈족(토하라계 또는 투르크계로 추측되는 고대 유라시아 민족으로 화베이(華北)에

서 후조〈後趙〉를 건국) 인질들과 함께 성문을 연 부여울(扶餘
蔚)은 부여현의 여러 아들 중 하나로 보인다. 부여울은 조국을
멸망시킨 전연에 대한 반감과 함께 전연을 세운 모용황의 아
들이기도 한 장인(丈人) 모용수가 전진에 망명해 있었기 때문
에 전진군(前秦軍)이 전연의 수도 업성(鄴城)을 공략할 때 고구
려인·갈족 인질을 모아 내응한 것으로 보인다. 부여울은 전진
과 동진(東晉) 간 383년 비수전투 이후 장인 모용수가 후연(後
燕)을 세우자 후연에 합류, 고구려인 집단 거주지이던 형양(뤄
양 근처) 태수로 임명되었다. 형양의 고구려인들은 245년 위
나라 관구 검(毌丘 儉)의 제2차 고구려 침공 시 포로로 잡혀갔
던 이들의 후손이다. 부여울은 나중 정동장군 부여왕에 봉해
졌다. 부여울이 부여를 재건했다. 재건된 부여는 숙신계 물길
(勿吉)과 싸워가면서 494년 문자왕 시기 고구려에게 합병당할
때까지 100년 간 더 나라를 유지했다. 망국 이후 지배층 대부
분은 고구려로 이주했다. 잔류한 부여인들은 하얼빈을 중심으
로 현지 선비계(몽골계)와 힘을 합쳐 '두막루(豆幕婁, 또는 달
말루·達末婁)'를 세웠다. 인명이나 지명이 '루(류)'로 끝나는 것
은 부여계 국가들의 언어적 특징 중 하나다. 부여에는 해부루
왕, 고구려에는 유리왕(유류), 대무신왕(주류), 그리고 백제에
는 다루왕(2대), 기루왕(3대왕), 개루왕(4대)이 있다. 달말루를
국토회복주의, 즉 '다물(多勿)'로 해석하는 소수 견해도 있다.

두막루는 230여 년간 나라를 이어가다가 726년 발해(후고려) 2대 무왕(무제)에게 멸망당한다. 부여의 흔적은 쑹화강 상류 백금보-한서2기 문화와 지린의 서단산 문화 또는 동북만주 삼강평원 '연토령(涎兔嶺)'*-봉림(鳳林) 문화에서 찾아볼 수 있다 (경희대 강인욱 교수). *곤토령은 오류이다. 연토령-봉림문화가 부여문화가 아니라, 옥저문화의 연장이라고 보는 설도 있다. 두만강 남·북을 중심으로 발전한 옥저문화가 헤이룽장성의 삼강평원까지 확장되었다는 것이다. 부여 유물은 모용선비 등 선비족 유물과도 상당한 연관성을 보인다. 인근 지역에 거주했던 부여족과 선비족은 여러 분야에서 상당한 규모로 교류

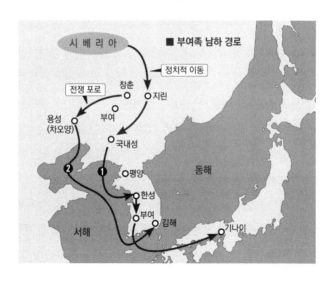

한국의 기원을 찾아서

했을 것으로 보인다.

백제의 랴오시(遼西) 진출과 부여인

백제는 4세기 중엽 근초고왕 재위기(346~375)에 북으로는 재령강을 넘어 대동강 유역, 남으로는 영산강 유역과 낙동강 유역까지 공략했다. 백제(침류왕-진사왕 재위 초기)는 근구수왕 재위기(375~384)인 383년 11월 벌어진 저족(氐族) 국가 전진(前秦)과 한족(漢族) 국가 동진(東晉) 간 건곤일척(乾坤一擲)의 비수전투(淝水戰鬪) 이후 화베이에서 전진과 모용선비족 국가 후연(後燕)이 교체되는 혼란기에 랴오시에 자리 잡고 있던 동족 부여인들을 규합하여 랴오시 지역에도 단기간 진출하는 등 전성기를 누렸다. 당시 랴오시에는 선비족, 저족, 한족, 부여인 등이 뒤엉켜 있었으며, 어느 한 세력이 확실하게 주도권을 잡지 못하던 상황이었다. 다수 사학자들은 『송서(宋書)』 백제전과 『자치통감』 등 중국 역사서에 명백히 나와 있는 '백제의 랴오시 진출'을 부정한다. 310년대 초 산시성에 거주하던 남흉노 유연, 유요와 갈족 석륵의 사마씨 서진(西晉) 침공 이후 탁발선비 북위(北魏)가 439년 화베이 전체를 통일하기까지 랴오시를 포함한 중국 대부분은 정치·군사·사회적 혼란에 휩싸여 있었다. 이 시기를 기록한 중국 사서가 부여울과 부여암, 부여숭 부자(餘嵩과 餘崇) 등 '부여(扶餘)' 또는 '여(餘)'씨 인물 다수가 화베이 지역에서 활발히 활동했다는 것을 증명하고 있다는 점에서 같은 뿌리를 가진 부여인과 연합한 백제의 랴오시 진출을 긍정적으로 볼 필요가 있다. 랴오시에서 백제 유적이나 유물이 아직 발견되지 않았다는 등의 이유만으로 해상세력에 의해 건국된 백제가 전성기에 단기간 랴오시에 진출했다는 명백한 역사 기록을 부정하는 것은 사리에 맞지 않다.

참고 문헌

강종훈, 『삼국사기 사료 비판론』, 여유당, 2011.

강종훈, 송호정, 임기환 등, 『한국의 역사1: 원시시대에서 남북국시대까지』, 웅진지식하우스, 2011.

김광수, 「한의 고조선 침공시 패수·왕검성의 위치에 대한 소고(小考)」, 『학예지 3』, 육군사관학교 육군박물관, 1993.

김용남, 『세계사와 통하는 매운 맛 조선사』, 바틀비, 2022.

김윤권 외, 『중국의 국정운영에 관한 연구: 해양 행정 및 정책을 중심으로』, 대외정책연구원 & 한국행정연구원, 2022.

김중생, 『조선의용군의 밀입북과 6.25 전쟁』, 명지출판사, 2000.

김한규, 『요동사』, 문학과 지성사, 2004.

김한규, 『티베트와 중국』, 소나무, 2000.

김현구, 「5세기 한반도 남부에서 활약한 왜의 실체」, 『일본 역사 연구 29』, 일본사학회, 2009.

노중국, 『백제의 정치 제도와 운영』, 일조각, 2022.

노태돈 등, 『한반도와 만주의 역사 문화』, 서울대학교출판부, 2003.

노태돈, 『한국고대사의 이론과 쟁점』, 집문당, 2009.

노태돈, 『고구려 발해사 연구』, 지식산업사, 2020.

박원길, 『몽골사 논총』, 민속원, 2020.

박이문, 『노장사상(철학적 해석)』, 문학과 지성사, 2004.

박한제, 『제국으로 가는 긴 여정: 북조, 초당시대』, 사계절, 2003.

발해사연구소, 『발해사연구5』, 옌볜대학출판부, 1994.

방향숙, 「고대 동아시아 책봉조공체제의 원형」, 『한중외교관계와 조공책봉』, 고구려연구재단, 2005.

백범흠, 『지식인을 위한 한·중·일 4000년』, 늘품플러스, 2021.

손기영(편저), 『신춘추오패, 패권과 탈패권 사이의 21세기 국제질서』, 고려

대학교 아연출판부, 2021.

손기영, 『학살의 제국과 실패국가, 한일관계의 불편한 기원』, 고려대학교출판문화원, 2022.

송기호, 『민족주의 사관과 발해사』, 역사비평사, 2002.

송복, 『조선은 왜 망 하였나』, 화산문화, 2014.

송호정, 『처음 읽는 부여사』, 사계절, 2015.

서영희, 『조선총독부의 조선사 자료수집과 역사 편찬』, 사회평론아카데미, 2022.

시사상조신문, "합천 옥전고분군 – 가지능선 최하위 지배층 무덤 최초 발굴" (2021.6.11.)

신두병, 『발칸의 음모』, 용오름, 2013.

신형식, 『통일신라사연구』, 한국학술정보, 2004.

와다 하루키(이경희 역), 『러일 전쟁과 대한제국』, 제이엔씨, 2011.

윤내현, 「고조선과 삼한의 관계」, 『한국학보』 52, 1988.

이계지(나영남, 조복현 역), 『요 금의 역사: 정복 왕조의 출현』, 신서원, 2014.

이덕일, 『난세의 혁신리더 유성룡』, 위즈덤하우스, 2012.

이성환, 『러일전쟁』, 살림출판사, 2021.

이재범, 『후삼국시대 궁예정권 연구』, 혜안, 2007.

이종욱, 『상처받은 신라 – 그 안에 한국인 정체성의 원점이 있다』, 서강대학교출판부, 2016.

이종욱, 『한국 고대사의 새로운 체제』, 소나무, 1999.

이지린, 『고구려 역사』, 논장, 1988.

일본사학회, 『아틀라스 일본사』, 사계절, 2011.

전북전통문화연구소, 후백제 견훤(진훤) 정권과 전주, 주류성, 2001.

정경일, 『경계를 넘어서는 고구려·발해사 연구』, 혜안, 2020.

정광, Alexander Vovin 외, 『한국어의 좌표 찾기』, 역락, 2015.

정재훈, 『돌궐 유목 제국사 552-745』, 사계절, 2016.

정형진, 『실크로드를 달려온 신라왕족』, 일빛, 2005.

조법종, 「위만조선의 붕괴 시점과 왕검성·낙랑군의 위치」, 『한국사 연구』 110, 2000.

주보돈, 『가야사 새로 읽기』, 주류성, 2017.

천영우, 『대통령의 외교안보 어젠다』, 박영사, 2022.

천지셴(홍순도역), 『누르하치』 돌베개, 2015.

최익주, 「요의 건국과 한인」, 『사학논지』 4.5, 1977.

티머시 스나이더(함규진), 『피에 젖은 땅(Bloodlands)』, 글항아리, 2021.

최향미, 『궁예와 후고구려』, 한솔수북, 2008.

하규태, 『정여립과 기축옥사』, 완주군지, 2018.5.

한국교원대학교역사교육학과교수진, 『아틀라스한국사』, 사계절, 2004.

한규철, 「발해사 연구의 회고와 전망」, 『백산학보』, 2006.

한명기, 『병자호란』, 푸른역사, 2017.

한명기, 『최명길 평전』, 보리, 2019.

BBC News, "The Russians Who Fear A With The West"(2016.10.25.)

Halberstam, David. 『The coldest winter : America and Korean War』, Hyperion. 2008.

Harari, Yuval Noah. 2001. Sapiens: A Brief History of Humankind. Penguin Random House, 22~44.

Whitehead, A.N. 1985, Process and Reality, New York: Free Press, 39.